徐铸成 著

报人
张季鸾先生传

【修订版】

生活·讀書·新知 三联书店

Copyright ⓒ 2018 by SDX Joint Publishing Company.
All Rights Reserved.
本作品版权由生活·读书·新知三联书店所有。
未经许可，不得翻印。

图书在版编目（CIP）数据

报人张季鸾先生传 / 徐铸成著. —修订版. —北京：
生活·读书·新知三联书店，2018.2
ISBN 978-7-108-06128-7

Ⅰ.①报… Ⅱ.①徐… Ⅲ.①张季鸾（1888-1941）-传记
Ⅳ.① K825.42

中国版本图书馆 CIP 数据核字（2017）第 310129 号

责任编辑	卫　纯
装帧设计	薛　宇
责任印制	宋　家
出版发行	生活·讀書·新知 三联书店
	（北京市东城区美术馆东街 22 号 100010）
网　　址	www.sdxjpc.com
经　　销	新华书店
印　　刷	北京市松源印刷有限公司
版　　次	2018 年 2 月北京第 1 版
	2018 年 2 月北京第 1 次印刷
开　　本	889 毫米 × 1194 毫米　1/32　印张 5.75
字　　数	105 千字
印　　数	0,001-5,000 册
定　　价	45.00 元

（印装查询：01064002715；邮购查询：01084010542）

张季鸾先生晚年在香港

1939年春节,香港《大公报》同仁合影。第二排左起依次为罗集谊、杨历樵、徐铸成、胡政之、张季鸾、金诚夫、杨刚

1929年11月，加入天津《大公报》时摄

1941年11月，任桂林《大公报》总编辑时摄

1943年，在桂林办《大公报》桂林版时，与同仁合影

1985年3月,摄于天津四面钟《大公报》旧址,其房屋轮廓依旧

《报人张季鸾先生传》初版书影,生活·读书·新知三联书店,1986年

编者的话

吴鼎昌、胡政之和张季鸾于1926年重组续办的《大公报》，在中国现代史上影响深远，徐铸成即在之后不久加入该报工作，共事并受教于总编辑张季鸾先生达十三年，深受影响，对他有着很深的感情。为张季鸾立传，是他长期心存的愿望，终于在晚年通过本书对这位杰出报人的一生业绩做了全面的记述和中肯的评析。

《报人张季鸾先生传》写于1985年至1986年，边写边在《中国建设》月刊连载，杀青后由三联书店于1986年出版。1999年，学林出版社出版《徐铸成传记三种》，将本书编入其中。

徐铸成写作《报人张季鸾先生传》时，由于年事已高，加上其他条件所限，大部分内容只能凭借记忆完成。之后，他本人和责任编辑戴文葆先生曾有意对全书进行史料文献核查和修订，但未能如愿而引为憾事。

本书出版后，陕西省社会科学院牛济先生和华中理工大学吴廷俊先生先后发表了考订文章,就其中有关内容辨误、补正,使之更加接近或符合历史的真实。此次整理出版,在学林版基础上,进一步订正了引文的讹误和编排的错失。对涉及史实的差错,均依据有关史料和《张季鸾年谱》(牛济编)、《胡政之年表》(王瑾、胡玫编)等做了标注;至于尚有争议或存疑之处,则未做更动。

　　谨向有关史料、文章的作者和提供有关情况的张季鸾先生后人、胡政之先生后人深表谢意。

目 录

引 言 ··· 1

风雪途中 ··· 8
衡老谈往 ··· 16
萍水相逢 ··· 23
留日五年 ··· 30
《民立》之花 ··· 41
两度系狱 ··· 49
生死之交 ··· 59
耳目一新 ··· 70
优哉游哉 ··· 84
拂袖去川 ··· 94
沪版创刊 ··· 104

西安事变 · · · 116

白圭之玷 · · · 127

"七君子"案 · · · 138

到处开花 · · · 147

毕生尽瘁 · · · 160

附 录

天津怀旧 · · · 169

引　言

记得1947年春节期间，一位朋友请吃"年酒"，我和顾颉刚先生同桌联席。酒过三巡后，他郑重地对我说："我回顾几十年国内报纸，总有一家最受知识界和广大读者欢迎，成为舆论重镇。它的销数不必是最大的，但代表公众意见，开创一代风气，成为权威。'辛亥'前后的《民立报》——包括《民呼》《民吁》，民国初年狄平子主持的《时报》，'五四'前后的北京《晨报》，20年代中期以后的《大公报》，当前（指抗战胜利以后——作者注）的《文汇报》，都起了这个作用。希望你们精益求精，继续前进，不负众望所归。"他这番话，对我是极大的鼓励。应该说，也是大体上符合历史真实的。当然，他那时没有看到过红色区域的报纸。

这中间，《大公报》所占的权威时间最长——从1926年9月至1945年10月，在国内外的影响也最大——1940年曾被美国密苏里大学授予奖章，认为是东方最优秀、最严肃的报纸。它的成功，谁都知道，主要是靠张季鸾先生那支笔，其次是胡政之的经营、吴鼎昌的资本以及全体同仁的努力。他的笔,包括文笔犀利、议论精辟的新闻评论,首创一格的新闻编辑和标题,以及由于他的特殊新闻敏感,指挥采访、写作的独特新闻,在我国近代新闻史上,他无疑是一位杰出人物。

我是从《大公报》跨进新闻界大门的,从学"场面"到生、旦、净、末、丑,直至最后"挑大梁",都是在他和政之先生的细致指导和严格要求下逐步学会的。而且,在他的晚年,肺病已发展到末期(当时还没有肺病特效药),他每次从重庆到香港疗养,一住几个月,只要能抽空,必约我到他的旅舍对坐长谈。从他的经历到心得、经验,从文字锻炼到推理方法,无所不谈,真是循循善诱,希望我尽快成熟起来。他的心情是可以理解的,他知道来日苦短,而事业要后继有人,他显然是希望王芸生兄和我能成为他的"传人"——接班人的。

他是1941年9月在渝病逝的。记得他最后一次来港时,有一天和我长谈后,曾气喘吁吁地说:"我的身体实在不行了,希望能熬到胜利,我打算请半年假,彻底疗养,到燕京大学去住住,抛开一切,精神好时,和学生们谈谈经验和体会。"我说:"那么,我也请半年假,当你的助教,把你讲的详细记录下来。"他笑着说:"我暂离报馆,你就更忙了,哪有工夫陪我去?"

他每次来港，还不时同我去吃小馆子，多半是新开的河南馆"厚德福"，有时也约金诚夫兄——当时港馆的经理同去。他知道我不吃鱼腥，自己总只点一味"瓦块鱼"，其余的菜，都叫我选："铸成，你喜欢吃什么，尽管点，不要怕贵；要吃得香，尽可能多吃，身体是最宝贵的本钱，要保养好。我自信脑子还十分管用，就是体力不行，力不从心了。"我们边吃，也时常边议论报纸。他对其他报纸不多谈，只注意金仲华兄主编的《星岛日报》，有时《星岛日报》有一篇好社论，一个好标题，他会赞不绝口。对羊枣写的时事评论，也十分注意。曾说："这样的分析，对海外人士的抗战热情，会发生极大的鼓舞作用。"

四川银行界有名人物康心如、心之兄弟，是季鸾先生留日时的好友，他们的哥哥心孚，早年与张尤莫逆，曾多年在《民立报》、中国公学等处共事。北洋军阀统治时代，心孚已辞世。1938年武汉失守，汉口《大公报》迁渝出版后，张的肺病加重，经常在心之的汪山别墅养病。1940年下半年他最后一次来港返渝后，即在汪山缠绵不起。而那年6月，《大公报》桂林版创刊后，[1]他还连日奋力写寄"本报重庆专电"，文采和特色依然。1941年9月6日，这一代报人就与世长辞了！

---

1 《大公报》桂林版创刊于1941年3月15日。据周雨《〈大公报〉史》，江苏古籍出版社1993年7月第一版。（编者注）

噩耗传来，我曾于第三天赶写出一篇《张季鸾先生年表》，刊之报端。并在一星期内不饮酒，不参加应酬。国民党在港的机关报《国民日报》总编辑王某曾撰文对张讥刺，我怒不可遏，立即写文痛驳。这些，都可说明我对季鸾先生的崇敬和知遇之感。那时有人说，张的不拘小节以及旧文人懒散的作风，我也亦步亦趋，刻意模仿了。

不少人认为，他在"九一八"后的言论，往往"右"袒蒋及国民党，此中主、客观原因，我拟在后文就我所知及理解水平，试做分析。但据我所知，在他生前，《大公报》跟蒋和国民党，从没有发生过任何经济关系。

1946年3月，我向《大公报》辞职，再度回《文汇报》主持笔政，这已是张逝世五周年后的事了。我曾屡次自问，如果季鸾先生还健在，我能否下这个断然的决心呢？

1946年5月，我改组和重新主持的《文汇报》，由于受到宦乡、陈虞孙、张锡昌诸兄的影响和通力合作，在政治态度上，是和当时的《大公报》大有不同的。狂妄一点说，即在版面安排上，编辑技巧上，或在内容的充实上，也颇有突破，颇有创造性的。季鸾先生在天津时曾说过："我全神贯注，对第一张是有点自信了，而第二、三张，则精力不济，自己看了也很不满意。"1946年及以后的《文汇报》，也日出三大张，读者对我们从社论到副刊，从头到尾，一般都认为精神饱满，版版充实，是满意的。但尽管如此，我毕竟是

"富连成"出身,即使改唱了"麒派",在行"腔"韵味上,在编排艺术上,总还脱不了"谭派"的窠臼。所以,1949年百万大军渡江成功,我和芸生、杨刚、李纯青等准备南下等待上海解放,周总理为我们在怀仁堂饯行,曾谈到《大公报》培养了不少人才,还含笑对我说:"铸成同志,你不也是《大公报》出来的么?"

开创新记《大公报》的"三杰"中的政之(胡霖)、达诠(吴鼎昌)两先生也于1949年、1950年先后谢世。曾参加初期编辑部工作的骨干,如许萱伯、李子宽、金诚夫、曹谷冰、王芸生、何心冷、杨历樵诸兄,也已先后成为古人。了解创业初期的历程,与季鸾先生接触较久,较全面地理解他的抱负、品质,亲自受到他的教诲和熏陶,从而能较准确地评价他对近代新闻事业的贡献的人,显然是屈指可数了。

在60年代初期,曹谷冰、王芸生两兄曾合写《1926至1949的旧大公报》,我也写过《旧大公报三巨头杂记》,分别刊在全国政协和上海市政协的《文史资料选辑》上。一般熟悉旧时代的人,认为都近于偏颇,检讨多于事实,特别对张的功过,衡量失于平允。那是无足怪的。当时,历史主义、实事求是等等原则,都被抛之脑后了。海外也已出版几部评述季鸾先生的书,则似乎又近于另一片面,有的只是一鳞一爪,有的无限加冕,奉若神灵,若季鸾先生九泉有知,也会感到惶恐的。他是那么谦虚,常常说报纸文章生命极短,所以他作文从不留底或剪存,生前也从未出过文集。

我也想以一"家"之言,就所知、所闻及长期的亲身感受,为季鸾先生写一篇小传,定名为《报人张季鸾先生传》,以怀念这位杰出的前辈、本师。为什么不加"伟大""卓越"这类的形容词?我认为,报人这个称谓,就含有极崇敬的意义。

我国近代新闻史上,出现了不少名记者,有名的新闻工作者,也有不少办报有成就的新闻事业家,但未必都能称为报人。历史是昨天的新闻,新闻是明天的历史。对人民负责,也应对历史负责,富贵不淫,威武不屈;不颠倒是非,不哗众取宠,这是我国史家传统的特色。称为报人,也该具有这样的品德和特点吧。

季鸾先生1911年参加《民立报》,到1941年逝世,度过了整整三十年的记者生涯。初期是备历坎坷的,1926年主持《大公报》笔政以后,十五年间,驰骋报坛,声名远播海外,其影响之大,在欧美报人中亦不多见。

事有凑巧,我从1927年当记者到1957年被迫搁笔,也恰是整整三十年,而历程却极不同。前十年,我在他的卵翼和指引下,成长相当顺利;我1938年进入甫创刊的《文汇报》,自己"唱主角"以后,二十年间,却备历艰辛和折磨,报纸被停、被封,停了再易地出版,达五次之多。最后且被戴上了"鼎鼎大名"的"桂冠",记者生命,几乎也像季鸾先生一样夭折了。

幸运的是，中共的十一届三中全会以后，拨乱反正，我又重见天日，而且复活了我的写作生活，新闻旧事——当然以旧闻为主，四年多中已写了近二百万字，而且在五所大学的新闻系兼任教授，还亲自带了四个研究生，季鸾先生生前向往而未能实现的事，我可以有条件实现了。当然，也像"梅派"弟子一样，论艺术水平、功力和"底气"，比梅兰芳先生本人，要差得远了。

试写季鸾先生的传，我不惴愚陋：主要想把这位报人的经历、气质、情操乃至声音笑貌，再现在读者面前。也想以他为主轴，大概描述一下"辛亥"以来旧中国报界的一般面貌，并反映当时的政坛逸闻。

个人的见闻有限，加上年近八旬，文思日见枯竭，记忆力也日就衰退，疏漏之处一定不少，分析尤限于水平，很难恰如其分。希望海内外朋友和读者不吝指正。

风雪途中

1901年9月，清政府的全权代表奕劻、李鸿章与英、美、德、日等十一国代表签订了《辛丑条约》，规定中国向参加八国联军的各国，赔款白银四亿五千万两，分三十九年还清，年息四厘。本息合计九亿八千多万两，以海关税、常关税及盐税作抵押；划北京东交民巷一带为使馆区，不受中国政府管辖；拆毁大沽炮台，各国军队可驻扎从北京到大沽口乃至山海关各地区。这是清政府签订的全面丧权辱国的卖国条约。从此，中国人民陷入了半殖民地更黑暗的深渊。

10月，慈禧太后和光绪皇帝从西安起程回北京。

11月初，李鸿章在举国责骂声中病死。

就在这个时候，在汾阳到离石的官道上，有两辆大车向西缓缓驶行。那时大雪方止，昏黄的斜阳，照在白皑皑的大地上，像罩上一层黄雾。

四匹瘦马，吃力地拉着这两辆大车前进，嘴里不时喷出白气，车后，留下两条不深的辙印，前面车上的老王头，不时挥着鞭子,"吁","驾",指挥着车子在崎岖的雪道上避开沟沟坑坑。他其实很心疼这两匹老马,鞭梢打在大道上,飞起一阵阵雪花。坐在他旁边的,是一位须发半白的老人,一面在打盹,一面不断向老王头啰唆:"不忙赶路,不要让东西颠簸得太厉害。"他是西北口音,但在山东住了多年,夹杂了不少山东土话。老王头不全懂,以满口的晋北话回答:"老人家,你倒不着急,太阳快平西了,离开离石还有十多里路呢,天黑前赶不到宿头咋办?"他戴着一顶破皮帽子,嘴里叼着烟管。

车子里装的是一口棺材,用稻草和麻包层层捆好的。前面放着一块神主牌,上写:"钦封奉政大夫邹平县正堂翘轩府君神位。"旁边有烛台和香炉。棺材四周,安放着几个半旧的箱笼和木器,没有十分沉重的东西。

后面那一辆车,车夫也已四十开外,满脸胡子,笑呵呵地坐在赶车座上,抱着车鞭,有时闭上眼,听任牲口紧跟着前面的车子走。身旁坐着一位看上去只有十岁左右的少年,头戴着白棉披风帽,身上是青面厚棉袍,外罩一件黑布马褂。他很瘦弱,高高的鼻梁,一双眼睛黑里带青,炯炯有神。他随着车子摇晃,眼睛却盯住手中的书,有时车摇晃得厉害,就紧靠在老李头的怀里。

"老人家,你到过榆林没有?听说那里今天的雪下得还要大,地方也更加荒凉,是吗?"

"咱赶车已二十多年,从来只赶到离石或吴堡为止;过去,就由那边的车接运了。咱曾空身去绥德赶过几次集,那儿比咱们的汾阳府差多了。听人说,再往北去,风沙越大,田也不大种庄稼,尽种大烟。老百姓比咱这里苦多了。乡间多是窑洞、窝棚,路上也不太平,常会碰上土匪。咱没有去过,不晓得究竟是个什么世界。"

少年听了不吭声,心里加强了凉意。他埋头看手中的书。那是一本顾祖禹的《读史方舆纪要》。自从上月离开山东后,他把有关陕西特别是陕北三边一带这部分的章节,已反复看了好多遍,还想象不出家乡究竟是个什么样子。他其实已过了十三足岁,大概因为先天不足吧——他出生时,父亲已五十三岁了,母亲只有二十岁,身体都不够结实。父亲张翘轩,原是一个饱学秀才,四十多岁才中了进士,分发山东,曾做过几任知县。当时正是毓贤当巡抚——就是《老残游记》里极意刻画的貌似清正、实际却非常残酷杀害良民的"玉贤"。以后,换来了袁世凯,则极意巴结外国人,以镇压"红灯照"为名,到处杀戮善良的百姓。翘轩先生做了几任"父母官",小心翼翼,力求不昧良心,名声是好的,但总受到府、院的申斥。

他前妻生的三个儿子,都已成长,只有老三在身边。季鸾是他后妻生的儿子,从小就爱读书,十岁左右,文章已能成篇,"四书五经"都已读熟,还常常爱问国家大事,也不时把他藏的顾亭林、黄宗羲、王夫之的著作翻着看。翘轩常对他的后妻说:"这孩子很聪明,比他三个哥哥都强,会成为大器的,只是身子骨太单薄,你要好好抚养他,加以调理。"后妻是鲁南沂水县人,她的父亲是一个穷秀才,也曾教女儿读过《列女传》等书。她粗通文墨,理家十分勤俭。除季鸾外,她还生了两个女儿。

却说季鸾正在埋头读书,一面在沉思,究竟家乡是个什么样子?他从来没到过家乡,而在父亲的口中,经常听到家乡的形势多么重要,临近长城,边外是一片沙丘,古垒残破。近年他也看了不少郑观应、康有为等人的书和严复的译著,幼小的心里,逐渐萌发了爱国、救国的思想。特别是父亲病倒济南的时候,传来八国联军攻进北京,到处烧杀奸掠的消息,使他惊心动魄,恨不得自己一天就成长起来……

正当他斜倚在老李头的怀中陷入沉思的时候,车里传出母亲的声音:"小鸾,外面风大,到车里来暖和暖和吧。"

"不,妈妈,我不冷。"

那时,前面的老王头已把车子刹住,老李头也"吁"地一声停住了车。老王头跑来说:"离开宿头已不远了,太太、少爷请下车歇歇脚吧。"

老家人也已跳下了车,把少爷扶下。一面忙找个避风的地方,又从附近的野店里借来了两条板凳,铺上毡毯,请太太下车。他看到远处已约略有了城墙的影子,官道旁也已出现三两家孤村茅店。

这里的鸡毛小店，比一路从山东、河南沿途所见的，更简陋得多。供穷苦旅客住的鸡毛房，只有两间，墙壁剥落，板门残破，住在里面，风雪也挡不住。没有什么像样的锅灶，只在当门有一个炭炉，烧些开水，供行人打尖。老板——一个看上去有六十多岁的老头，听说近旁有两辆马车停下，忙前来张罗，送来一张破桌子，一大壶开水，还向太太打躬作揖。

太太其实只有三十三岁，包着头巾，身上是白布沿边的皮衣和裙子，脸色瘦黄。她吩咐老家人说："不要麻烦这位老人家了，你去另提一壶开水来。"

站在她身旁的两个女儿，一个九岁，一个五岁，也都不太健康，辫子扎着白头绳，都是黑色衣裤。大女孩已从车上取下几个杯子。开水来了，倒了几杯，太太和孩子们喝了几口，还把带来的面巾用开水冲冲湿，绞干了，分别擦擦脸。

"妈妈，您的胃病好些了么？我看书本记载，前面的路将越来越空旷，早晚更冷，您老人家千万保重。"坐在太太旁边的小鸾站起来说。

"我是生长在山地的，高寒不怕。你爸爸做了一辈子清官，千里迢迢，我们母子把他的灵柩运回故土安葬，我的心也安了。以后唯一的指望，你能读书成才，不辜负你爸平日的教诲。你的身子骨太弱嫩，自己该多注意。我已嘱咐你不止一次了，车子颠簸，不要多看书，会头晕的。你总不听为娘的话，没亮没黑地看，我就是操心这个。"

少年听了马上站起来说："妈妈，你千万放心，我也不是一直在看，总是看看想想。眼看家乡一天比一天近了，我生为榆林人，回家后见到父老乡亲们，假使对榆林的历史和当地的山川形势一无所知，会被人说我爸生前没有教导。一路上，我看到的各地情况，和书上记载的差不多，我脑子里，已想象出榆林和长城内外的大概轮廓，思想上亮堂多了。"

母亲正要再告诫儿子一番，赶车的老王头已来催促："太太、少爷快上车吧，前面还有四五里路，赶到县城，怕天已黑了。"

果然，车子驶进离石县城时，已一片墨黑，只有大道附近的几家客栈和饭馆门前挂着昏黄的灯笼，闪出几点光。

从雪光里反映，这个县城小而残破，零零落落的平房，间隔着颓垣瓦砾堆，都被厚雪覆盖着。

老家人是走过几趟这条路的，找到了一家名为"高升"的客栈，开了两间上房，一间偏屋，先把太太、少爷、小姐们安顿好了。叫店伙帮忙，把车上的行李全卸下了。灵柩安置在后进的堂屋里，因为车子讲好送到离石，以后，要另雇陕北的车子。

这家高升客栈，一向是接待过往官商的最大的客栈，但多年的兵荒马乱，行旅戒途，显得十分老迈龙钟，周身补衲了。他们所要的两间上房,是全栈的"一级"客房,可棚顶也破了,窗纸补了好多层,只有中间的两块玻璃,还能起应有的作用。

伙计忙着把火炕生上火,也清扫了一遍,然后送上了热水。

他们在离石休息了三天。小鸾曾到城中转了一圈,大约只有百十户人家,瓦房不过十几户,他也曾拾级登上东北角城墙,看到北面是大雪盖着的起伏山峦,还飘来饿狼的嚎叫声。向西看,一条官道曲折伸出去,不过一里多路,就被小山挡住,看不见了。官道也洁白一片,可见车辆来往是稀少的。

老家人在此时已去车行雇好了车,并带了车夫老吕和老于拜见了太太、少爷。这两个车夫都不过三十岁,一口陕北腔,看上去都很老实。老吕是米脂人,老于是绥德人,都说去榆林是熟路。老家人还领小鸾去车行看了选定的牲口,也比较壮实。老家人说:"以后的路,越来越险峻狭窄,怕老马瘦骡,爬不上坡。"

第三天清晨,吃完早餐,结清账目,灵柩、行李都已装载好了,主仆们上了车,继续向西上路。

小鸾听妈妈的话,也坐在后面车里,靠近妈妈。小的妹妹有些感冒,前一天就吃不下东西,躺在车里,由姐姐照顾着。

车子两面都镶嵌了大约五寸见方的明角窗，小鸾时常就着射进的一线光，继续看《读史方舆纪要》，有时，也抽出王夫之的《读通鉴论》诵读一两篇。妈妈经常爱怜地说："鸾儿，车子颠得厉害，光线又不好，你还是闭眼躺一会吧。"回答总是："妈妈，我不困，您休息休息。""再有两张，我就读完了。"

这样长途漫漫的跋涉，过了绥德，车辆向北行，气候更加寒冷，风雪也更加频繁而猛烈，棉帘子缝里透进来的寒气，彻骨的冷，妈妈关心地把被子披在爱子的身上。

好不容易到了米脂，又投店休息了一天，换换衣服，准备到榆林时，干干净净会见父老乡亲。

当晚，老家人来禀告，说遇着榆林来的人，谈起榆林情况，说咱们入股开的那个老铺子已经关门了。经手人吞没了款子，另外和别人合开了一个新店。

真像是一个晴天霹雳。这是张家祖传下来的唯一财产，太太原来指望每月从那里得几两股息，母子一家可以苦度光阴。现在，全落空了。

但她是一个坚强的女性，摸摸包裹里仅有的三只元宝，毅然对小鸾说："天无绝人之路，我会把这个家撑起来的！"

衡老谈往

时隔四十年,当年贫苦的孤儿,已成为一代报人的张季鸾先生,不幸于1941年9月6日病逝于重庆。我闻耗匆促编写了一篇《张季鸾先生年表》,刊载在9月8日的香港《大公报》上。

关于他青年就学的经过,我是这样写的:

"1901年,先生年十四,由鲁返陕,闻大儒刘古愚先生讲学于醴泉之味经书院,即负笈就学。

"1902年,先生年十五,味经书院改为学堂,乃入宏道学堂肄业。

"1905年,先生年十八,赴日本留学,入第一高等学堂……"

现在看来,太简略,还有些错误。季鸾先生1934年所写的《归乡记》中,曾简述他扶柩还乡和又遭母丧的经过:"先母王太夫人是继配,是一位极慈祥平和的女性,母家住山东沂水县。先父去世后,一贫如洗,多劝她就住在山东;先母不肯,一定要扶柩归葬。领着我们小兄妹三人,到沂水拜别了先外祖父母。辛丑冬，带全家回榆林，一路的困难，不必说了。到家即发生生活问题，全家箱箧中，只有几只元宝。有一处合伙的商业，被人吞没，成了讼案。先母自己上堂，而命我早出游学，艰难家计，一身承当。又死了我一个妹妹，先母身心憔悴，遂以不寿。我最后见面，是清光绪三十年（1904）正月，我又要到三原宏道学堂，临行拜别，先母倚窗相送，面有笑容，谁知即此成了永诀。到校两月，即接到讣闻；待我奔丧到家，只见到寺中停寄的薄棺一口！先母死年，才三十七岁。"这真是一位可敬的坚强女性。

青少年的季鸾先生，到家乡后刚草草过了春节，即奉母命进了当地的榆阳中学堂。主讲的田善堂老师，虽也是位宿儒，但对于这个新来的瘦小学生，颇有些束手无策。对"四书五经"乃至《国策》《国语》，已能对答如流，问一答十，而且好学好问，往往使他难以应付。勉强过了半年，他对这个学生说："你天资聪明，家学渊博，老朽无能，不能再耽误你的学业了。醴泉味经书院的山长刘古愚老先生，是我们关东有名的大儒，我已写好介绍信，你禀明令堂，早去就教，前程无量。"[1]

---

[1] 刘光蕡（古愚）于1898年底辞去醴泉味经书院山长职务，1899年初在醴泉主持"复豳学社"，即烟霞草堂。1902年秋，张季鸾与陈燮同往烟霞草堂学习。据牛济编《张季鸾年谱》，榆林市政协编《张季鸾先生纪念文集》，陕西人民教育出版社1991年8月第一版；《刘古愚年表》，编委会编《刘古愚教育论文选注》，陕西人民出版社1988年1月第一版。（编者注）

这样，那年秋季，季鸾先生就首次离开母亲的怀抱，负笈醴泉。刘古愚先生很博学，能满足这位年轻学生强烈的求知欲！他对地理、历史，也造诣很深，课余常给学生谈长城内外的山川形势以及历史上的各次重大边患。还鼓励这位学生，假期中多去口外和三边实地考察。季鸾先生对这位老师十分敬佩。第二年，刘先生转就三原宏道书院之聘。三原离榆林更远，但母亲还是忍受母子远离的痛苦，为儿子添备行装，让他去三原进入宏道书院。[1]

在那里，季鸾先生首次结识了比他大几岁的于右任先生以及后来在辛亥之役、护国之役崭露头角的其他三陕精英。

1903年秋，宏道书院改名宏道学堂。

季鸾先生从宏道学堂到东渡留学，中间还有一段过程，那是四十几年后——季鸾先生已逝世五年，沈衡山（钧儒）先生详细对我谈的。

从1946年5月到1947年初，是《文汇报》跟反动势力斗争最激烈的阶段。它得到各方进步力量和广大读者的支持。我和各派民主人士都有所接触。那时我住在愚园路七四九弄十五号，很多民主人士到我家来过。比如，李济深将军辞去南京政府的军事参议院院长后，在沪寄寓愚园路一○一五号（原汪伪

---

[1] 1903年初，刘光蕡前往兰州任甘肃省大学堂总教习，张季鸾没有随往。后转入三原宏道书院学习。据《张季鸾年谱》《刘古愚年表》。（编者注）

中央储备银行总经理钱大櫆的豪华住宅,抗战胜利后,经接收改为"军委会上海招待所"),地近江苏路口,和我家只有一箭之遥。我应邀去访问过几次,他也不止一次到我家来吃便饭。有一次,除陈铭枢先生外,还带来了薛岳。记得薛那时也颇有牢骚,说:"当年从广东出发北伐,一路打到上海,沿路老百姓送茶送毛巾,还主动报告敌情,并代扛行李和抬担架,军民真像鱼水一样。现在,我们的部队开到哪里,老百姓全躲起来了,给养完全要自己解决,不仅得不到确实的情报,我们刚住下来,当晚就会受到共军的袭击和包围,老百姓向着他们。这个仗怎么打法!"

到我家来过的,还有邓初民、施复亮、郭春涛、王绍鳌、傅雷、郑振铎等先生。

那时,沈衡山先生住在他的当医生的大儿子家里,恰在愚园路七四九弄对面弄堂里,我先去拜访,他也来回访,来往相当频繁,有时一谈就是两三个小时。他简朴的会客室里,布满了大大小小各色的石头。他说,他生平最爱石头,爱它的品格好,成形了就不好变。他还指着这些石头说:"这全是我多年亲自从各地拣选来的,也有些是朋友知我爱好送给我的。"

有一次,我们谈起张季鸾先生,话大概是这样开头的,我说:"您和张季鸾先生的政治主张,很不一样。而在1935年发生'七君子'事件,你们被关禁在苏州监狱期间,他曾几度赴宁营救,我当时在《大公报》工作,知道经过,但一直不了解他怎么这样见义勇为?"

"他这是主要为了营救我。当然,他对蒋介石这样对待爱国者,也是不赞成的。"衡老接着说,"论私交,我们是三十多年的老交情,季鸾这个人,非常念旧。即使政治见解有时不同,他对我总很尊重,很关心。"

我说:"听说你们在北洋时代,曾一起战斗、同事过,是吗?"

"是的,我当时是国会议员,他办报,在反对袁世凯、反对段祺瑞政府的卖国阴谋中,我们彼此呼应,他斗争得很英勇。'九一八'以后,我们的政见越来越有距离,但我们的私交从未受到影响。比如,1933年长城抗战时,我曾赴平津呼吁全国团结抗战,曾赴《大公报》馆去看他。刚寒暄几句话,他就说:'目前有些人,不权衡中日两国实力的悬殊,轻率提出要立即全国抗战,多么危险!'我立即说:'我就是反对唯武器论,主张早日抗战救国的。我们可能辩论一天,但还是不谈这个,叙叙我们的私交吧。'因为我相信他的本意是爱国的。"

"你们两位是哪一年订交的?"我好奇地追问。

"那真是说来话长了。清末,我的叔父兼巢公(沈卫)在陕西任学台(相当于后来的教育厅长),我当时新点了进士,在他幕里佐理文牍。大约在1904年,陕西考试全省士子,入闱的炮声已经响过了,忽然有一个年轻的童生,提着考篮匆匆赶来,要求入闱应试。监考的说他已误了'卯',不放进去;童生则一再说为家务耽误,昼夜兼程赶到西安,要求格外通融,放他进去。

"我叔父很爱才,听到这件事,忙叫把这位童生找来,说:'你年纪还幼,何必急在这一科。好好攻读三年,再来应试吧。''不,童生已十七岁了,要求格外通融,即使落选,也甘心了。'

"我叔父看他口齿伶俐,很有自信的样子,就温言问他:'你看来身体不大结实,戴的是谁的孝?你自己觉得哪一方面造诣最深?'

"'童生幼年丧父,今春,先母又见背了,在家服丧,敝业师刘古愚连函督促,说不要耽误这次考期,童生连夜兼程来,还是延误了。对一般的经史,我已经熟读,特别对边关的形势和历史沿革,曾下过功夫。'我叔父听了很高兴,说:'你是刘先生的高足,经史学业一定有根底了。这样吧,你把长城各口的形势,马上写出一个大概的情况和你个人的认识,如果写得好,我就破例让你入闱参加考试。'

"桌上放好了文房四宝,季鸾坐下去,不假思索,一口气写了好几张纸。我现在还印象很深,他坐在条凳上,脚还着不到地,一双白鞋,离地有好几寸。大约不到一小时就交卷。我叔父看了一直点头,递给我。我看他把从嘉峪关到山海关以及内长城各险要关口的形势，按次序写得很清楚，特别对三边到榆林一带的形势，设防沿革，叙述得很扼要，还说了自己的意见。

"我叔父命人立即带他入闱，考的成绩也很好。考后，即留他在西安的书院学习，定期考核，叔父叫我帮同看卷子，他对季鸾的考卷特别注意。

"翌年，清政府命令各省选派学生赴日留学，叔父也把季鸾列入官费留学生之列。[1]

"我比季鸾大十三岁，从此成了忘年之交。"

我看过美国人编写的《中国近代名人传记》，对张季鸾的生平记述很详，评价极高。关于张赴日的年月，说他为了补习日文，1905年没有跟同伴同行，迟一年于1906年夏才东渡。时间可能是经过反复考证的。所以迟一年去的原因，我判断一定是为了守孝，等了一年，距母丧已历三个年头，向例可算是服阕期满了。那个时候，各省留日学生很多，大都是连日文字母都不认识就出去的。日本那时专为中国留学生设了不少预备和补习学校，季鸾先生不会独独为此推迟一年，在国内学好了日文、日语再去。

---

[1] 张季鸾入选陕西当局派遣赴日官费留学生的时间是1905年9月；刘光蕡于1903年10月逝世；张季鸾之母王氏于1904年春逝世。据《张季鸾年谱》《刘古愚年表》。（编者注）

萍水相逢

1906年8月初的拂晓，一艘曳着长长黑烟的海轮，正在南黄海上鼓轮前进。它是前一天傍晚才驶出上海港开往长崎的。8月，本是台风季节，但那几天却是风平浪静，船身只有微微的颠簸。一个清瘦的青年，单衣裤外罩着一件薄棉背心，已徘徊在甲板上多时了，他在焦急地等待看日出。他身子还很单薄，黎明前的海风，使他下身不时感到颤抖。两手把住栏杆，两足交叉跳动，眼睛盯住已露出曙光一线的东方。

他就是虚龄已届十九岁的张季鸾。

半年来，他像是经历了一场漫长而奇幻的梦。个子虽然没有显著地长高，在识见阅历上却像突然成熟起来了。那年年初，刚过了春节，他就冒雪去三原谒见恩师刘古愚先生。刘先生前几年就聘甘肃主讲书院，刚回家度岁。师生已多年未见，老师看到学生学业更加精进，十分高兴，留他住了半月，讲了许多"关学"的精义，并勉励学生出国以后，还该注意对本国历史、地理的研究，承继中国史学家的优良传统,不忘立言救国。

3月初,他先去亡母王太夫人的坟前拜别,辞别亲戚,由十二岁的侄儿阜生依依不舍地送至十里外。就这样,他离开了榆林故乡。十天后,到了西安,拜见学台沈兼巢先生,说自己服阕期满,准备即放洋就学。沈学台见很高兴,说目前去日本有两条路,一条经天津,从塘沽出发;一条经上海,走的人多:"我的侄儿钧儒也准备去日深造。这后一条路他走过不少趟,和他同行,你一路可以得到他的照应。他还要回嘉兴料理家务,估计要秋后就道。你也可放心,到沪后,他会介绍熟人带你一起出国。卢(沟桥)汉铁路已全线通车了,途中也方便了。"季鸾不断点头,由衷感激老师对他如此关心,如此周密地为他布置。

他也不愿重走由陕向东的旧道,以免枨触六年前侍母扶父柩归家的回忆。而武汉是张文襄(之洞)经营洋务多年的基地;上海更是十里洋场,人物荟萃;乘此机会,略加观光,增长见识,也有利于将来的游学进修。

简单的行李已带到西安,家中的幼妹,已托给三兄照看,他再无牵挂。

在学署住了约半个月,沈学台已给他办好了出国的手续。当时,赴日本不需护照,官费生只要各省学署致驻日公使一个札子。张的赴日旅费及一年的学习费用,也已领到了。

同行的,还有张的远房表兄李仪祉。他早年已去日本留学,这次是因家事请假回国,假满准备回校的。[1]他学的是水利,汉学也有根底。他知道季鸾一年来已学习了些日文,但文法还搞不清,日语更不大会讲。一路上,他指点些该读什么入门书,也教了一些应用的普通日语。沈钧儒也和他讨论经史,深感此人的博学方正,留有深刻的印象。

从西安出发,到郑州要乘十几天大车,学台派了一个管事和两名夫役一路照料。路是官道,庚子后"两宫"回銮时曾大修过一次,所以也还平坦,没有受像以前由鲁回榆林时那种颠簸之苦。卢汉铁路北面已修通至北京。改名京汉路,南至汉口也全线通车了。但路基松,从法、比等国购置的车皮还不多,隔天才有一班通汉口的车。他们购的是二等票,有统舱的卧铺;从郑州到汉口,行驶了两天两夜,年轻的小鸾已感到是"风驰电掣"了。

那时,汉口已辟了英、法、德、日四国租界,都在大兴土木,热闹市场集中在连接大智门的法租界一带以及靠近汉水的长江沿岸的旧市区。

有一个外甥在武昌学幕,他的母亲是张前母的长女。他还比张大几岁,在车站迎接他们一行。他们寄住在大智门附

---

[1] 李仪祉没有赴日留学。张季鸾之妹张季珍嫁给了李仪祉胞兄李约祉。据《张季鸾年谱》《李仪祉先生年谱》、中国水利学会、黄河研究会编《李仪祉纪念文集》,黄河水利出版社2002年5月第一版。(编者注)

近的一所客寓里，略事休息后，即由这位外甥带领他们去参观市容，并去订了三天后开出的下水轮的客票。

在这三天中，他们曾去武昌登临黄鹤楼，参观两湖书院；又去汉阳游览了伯牙琴台和归元寺等古迹；也曾雇小舟去鹦鹉洲一带游弋了一圈。

那时，汉口已有中文报纸，法租界的书店里还可以买到东京出版的《民报》和《新民丛报》。这几年，张已读过郑观应、王韬等洋务派的书；从《时务报》起，也读了不少梁启超及其老师康有为的著作，受他们爱国、维新、立宪的思想影响相当深，对梁启超洋洋洒洒、"笔锋常带感情"的文风，感染尤深。他觉得武汉不仅远比西安繁华，空气似乎也清新得多了。

他们订的是日清公司的船票。据那位外甥说，招商局的房舱太乱，往往容易丢失东西；怡和、太古的房舱也太逼仄；只有日清的船，有一种特级房舱，是两人一间的，价钱并不贵，乘得舒适些，也可以上上层甲板散步。李仪祉也赞成此意，说遇着日本旅客，还可以练习讲讲日语。

江行一路平顺，下水走了四天，就到了上海，在十六铺码头登岸，有客栈的伙计们在招徕生意，他们选住在三马路的孟渊旅馆。沈、李两位以前都住过，因这所旅馆新开不久，设备也还干净，接近闹市，出去观光、拜客，也较方便。

年轻的张季鸾，从来没有到过南方，没有到过水陆码头，在武汉的三天，已觉得头晕目眩，只在游登黄鹤楼时，感到"大江东去"，心旷神怡。现在，处身在"夷场"，处处新鲜，也处处有手足无措之感。大部分时间，他都躲在房间里，看看报章、新书。

那时，上海的华文报纸还只有《申报》《新闻报》两家，都是有光纸印的，内容大同小异，无非是市井琐闻、市场行情以及宫门钞之类；偶有外国新闻，大都是从英文《字林西报》转译的。另外，有不少小报如《繁华报》之类，满纸刊些斗方名士的作品，如诗词、对联之类，每期有一两篇长短篇小说，他看了也引不起兴趣，还是从旧书摊上买到过去想看而未看过的章太炎作序的邹容的《革命军》、陈天华的《猛回头》以及《苏报》《时务报》等残本，如饥似渴地细细翻阅。

一天，沈钧儒出去拜访同年、同乡，李仪祉带了一位同乡进来，见到季鸾就笑着说："小弟，你也到上海来了，欢迎欢迎。"此人已留着短须，辫子剪掉了，后脑留着一截长发，细细一看，才认出是三原时结识的学长于伯循（右任），连忙作恭行揖。右任哈哈大笑说："老弟，这里不兴这一套了，见面拱拱手，或索性鞠个躬就行了。"又问："同行还有哪几位？预备哪时东渡？"仪祉代答："只有沈钧儒先生，是上科点的进士，他准备下半年出洋，此行是沈学台派他照料季鸾的。"

萍水相逢

"衡山先生也是旧交,学识见解,我是一向钦敬的。"

右任又看到季鸾桌子上堆放许多报章、旧书,便深有感慨地说:"自从《苏报》被封,上海久已没有一份可看的报了。我正邀集几位志同道合的朋友,创办一新报,以一新民情抑郁的空气,苦于资金尚难凑集,还没有一点眉目。我也想去日本转一趟,看看有无机缘可寻。"接着,他又长叹一声:"没有一份开风气之先的报纸,我们这些书生,将百无一用,报国无门了。"

他的话,句句打动着季鸾的心弦。他多年受刘古愚先生的熏陶,又熟读顾炎武、王夫之的著述,早就立志要以文章救国。

他们在沪逗留了五天,曾和于右任谈了三次,一次是于在"小有天"闽菜馆请他们小酌,算是洗尘兼钱行。这于、李、张三位,若干年后都各有建树(李仪祉先生后成有名的水利专家,艰苦筹划,主持黄河整治,并开辟了泾渭渠等,大大改善了陕西水利),被称为陕西三杰。

他们坐的还是日本轮船,沈衡山送上码头,拱手告别,于右任等同乡也到码头送行。

再说那天清晨,季鸾没有先征得李仪祉的同意,摸黑披好衣服,独自登甲板等看日出。等到东方水天连接处抹上第一线红光时,已陆续来了几个乘客,都扶着栏杆,凝神注视东方。

说时迟,那时快,真不过一转瞬间,东边的红光越来越鲜亮,先是像一痕红牙,从水天连接处露出,船身上下一晃动,一个红球就跳出水面了,红光万道,照耀得层层波浪都像披上了鲜红的绸纱。同时,仿佛远处阵阵传来喷薄的声音。

大家不约而同地赞叹说:"海上的日出,真是奇观啊!"

季鸾这时才注意,立在他旁边的是一个胖胖的个子不高的青年,穿着一身不太讲究的西服,一脸笑容,好像要向他寒暄。他马上先打招呼:"你老兄贵姓?也是准备去游学的吧?"

"贱姓胡,单名一个霖字,号政之;原籍四川华阳,随先父旅居安徽多年,今春先父见背,我自费预备到日本后投考法政学堂。老兄如此英年,大概不过十五六岁吧。"说的是带安徽口音的四川腔。

"我是戊子年出生的,虚度已十九岁了。是陕北榆林人。"

"这样说,老兄还长我一岁,川陕是一家,希望以后能多多指教。"

接着,两个邂逅的朋友,就坦率地交谈下去。其他看日出的人,纷纷回舱去盥洗,准备吃早餐了。[1]

也真是事有凑巧,这两位初交的朋友,当然自己也没有想到,以后会成为好友,而且最后会合作多年,创建一份名闻中外的报纸。

---

1 张季鸾和胡政之相识是1911年在上海康心孚家中。据胡政之《胡总经理致哀悼词》(1946年9月15日在张季鸾追悼活动上的致辞),王瑾、胡玫编《胡政之文集》,天津人民出版社2007年4月第一版。(编者注)

留日五年

特别从东京赶到长崎迎接他的,是好友井勿幕。井字文渊,陕西蒲城人;他们是三原宏道书院的同学,两人气质绝然不同。一个身体魁梧,孔武有力;一个文弱多病,行动懒散。但当年初交时,就一见如故,成为朝夕相随的知己。他们都勤于学习,受到刘古愚先生的赞赏;都立志于反对专制统治,以天下为己任。井说,他将来要投笔从戎,在疆场上为国立功;张则说他手无缚鸡之力,只能以文章报国。

前三年,井就到日本留学,入东京大成中学,准备毕业后投考士官学校。

这次旧友重逢,自然有叙不完的契阔。勿幕说:"今年春间,我曾回陕一次,很想到榆林来看你,并在伯母灵前尽礼,只是杂务太繁,抽不开身。"

两人在长崎只住了一晚,第二天就相偕到了东京。李仪祉说在长崎还有事稍作逗留,没有同行。到东京后,井已在自己下榻的借宿处,为张租了一间不大的房间。不久,由井的建议,张就向经纬学校报了名,井还先为他补习日文和日语。张很聪明,不久就可以看报,一般应用的日语,也可应对了。

井的朋友似乎很多,课余几乎经常有人来访问,而且往往谈到深夜。他曾悄悄告诉张,前一年同盟会成立时,他就参加了,而且被委任为陕西支部长。"今春我回陕,就是为秘密联络同志,筹立支部的。"接着,他盛赞中山先生的气度恢宏,革命意志坚决,虽屡遭失败,而百折不回;还谈到了孙先生的革命主张,也谈了黄克强等同盟会的骨干,劝张也参加同盟会。张答复说:"中山的人格和革命救国的思想,我是早就钦敬的,但有关同盟会的文告,我一个字还没看过;加入一个组织,是一辈子的事,如何可草草决定呢?再说,我这百无一用的书生,加入了,也未必能有所贡献。"

"那倒不然,章太炎先生也是一个书生,他仗着一支笔,照样参加革命。前两个月,他刑满出狱,我们立即派人迎护来东京,曾开了盛大的欢迎会。他慷慨陈词,已正式加盟,他还答应主编我们的《民报》呢。"

暑假过后,季鸾就进入经纬学校。很快,他的日文日语,就能听讲、笔记,各项课程全应付裕如,每天回到下宿处,还能阅读福泽谕吉等的著作,对东京、大阪出版的《朝日新闻》《每日新闻》《报知新闻》等报纸尤感兴趣,从头披览。对《民报》也每期必细读。那时,《民报》正和梁启超的《新民丛报》展开笔战,他是同情《民报》的主张的。

后来,来寓所访问他的朋友也多了。胡政之已考上东京帝国大学预备科,曾不时来畅谈。张也不时去回访。有一次,在胡的寓所遇着一位二十多岁的青年,一口四川音,经胡介绍,说是他的成都同乡吴鼎昌,表字达诠。据胡说,吴已来日三年,早在东京预备学校毕业,已升入高等商业学校了。他个子比胡、张都高,脸部颚骨很宽,鼻子下面留了一撮小胡子,有点三角眼,看来是工于心计的人,但很和蔼,和张一见如故。张说话急时,有些口吃,吴总耐心听张把意见讲完。吴的经济看来比较宽裕,以后他还不时偕胡一同来张寓所访晤,有时还拉着他们一同去尝"中国料理"。

和张往来最密、友谊最深的,除井勿幕外,数陕西同乡康心孚。他们年龄相仿,又是同学,谈话十分投机。他很钦佩张的文笔犀利,知识又极为广博。那时,我国的留日学生,大约有一万多人,受了庚子之役和辛丑辱国条约的影响,大多数都倾向革命,加入同盟会的络绎不绝。也有一小部分专门来"镀金",如曹汝霖、章宗祥、陆宗舆等,一心等毕业回国后,考取为"洋翰林",然后找寻门路,升官发财。还有一类是纨绔子弟,家里有钱,名为来留学,实际是日夜泡在银座一带,和下女、艺伎厮混,正如后来平江不肖生向恺然《留东外史》所描写的那样。

像四川、湖南、湖北、江苏、浙江、广东这几个省份,留日学生最多,都以同乡会的名义,办起了宣传民族主义、鼓吹革命的刊物。陕西的进步青年也筹备创刊《夏声》。井勿幕、康心孚等提议由张季鸾担任编辑,说张学识广博,文笔恣肆,必能胜任,得到全体的同意。那时,张已转入东京第一高等学校,学业、思想也日益成熟了。

1906年冬,于右任曾到过日本,访谒孙中山,加入同盟会;曾和井勿幕、张季鸾等谈及,他筹办报纸的计划已有眉目,约他们在日提供稿件。1907年4月,《神州日报》果然创刊,在沉闷的上海新闻业中,放出异彩。张读到后很振奋,但他那时正忙于《夏声》的编辑工作,未能为《神州日报》撰稿。而回国后他将终身为新闻事业献身,那时已下了决心了。

1908年夏,张曾短期回国,主要是王太夫人生前曾为儿子定了一门亲,女家催迫甚亟。他回家完了"终身大事"后,在家乡住了一些时候,在榆林府中学讲了几次课。不到三个月,就别了新婚的李夫人和亲友,起程再次东渡。[1]那时,沈兼巢先生已告老回籍,他没有在西安多停留,年底前就赶

---

[1] 张季鸾共有三位夫人。第一位夫人高芸轩,1908年结婚,1931年逝世;第二位夫人范氏,生卒年月不详;第三位夫人陈孝侠,曾用名陈筱霞,1934年结婚,1937年生子张士基,1974年逝世。据《张季鸾年谱》,高集《忆我的姑父张季鸾二三事》,《记忆:往事未付红尘》,陕西师范大学出版社2004年9月第一版;张季鸾后人提供的情况。(编者注)

回东京,继续攻读并编辑《夏声》。

他在日本的交游日广,先后结识的朋友有张耀曾、李书城、谷钟秀、文群、张群等。这些朋友都是同盟会中人,而且多半较接近黄克强。他曾见过黄克强先生,也曾被井勿幕拉去锦辉馆听过几次孙中山先生的讲演,并还介绍他和中山先生谈过话。但当井再次征询他是否有意加入同盟会时,他断然表示没有这个想法。

井诧异地说:"你难道不主张革命?对孙先生或黄先生的人格、抱负还有什么看法?"

"不。我对孙先生的学识、气质、人格,都是十分钦敬的;对黄先生和太炎先生也很佩服,但我是一个文弱书生,立志要当好一个新闻记者,以文章报国。我认为,做记者的人最好要超然于党派之外,这样,说话可以不受约束,宣传一种主张,也易于发挥自己的才能,更容易为广大读者所接受。"所以,于右任在四十年后,作怀念张的诗中,有"发愿终身作记者,春风吹动耐寒枝"之句。

1909年,于右任创刊《民呼日报》,再次函催他写寄东京通讯,他很高兴。但他的稿子寄到时,《民呼日报》已被租界当局封闭。这些稿子以后才陆续刊在于先生联合宋教仁等创刊的《民吁日报》上。这是他从事新闻工作的开始。

所以,后来——1926年,他和吴鼎昌、胡政之合办《大公报》时,一开始就标榜"不党、不卖、不私、不盲"的

"四不"主义。其他三"不",可能是针对当时的时弊;至于"不党",吴、胡如何见解,我不敢说,而张对这一点,思想上是植根深远的。

在清末民初时,有一股思潮,认为不仅新闻记者应超然物外,不与任何党派结缘,就是搞金融实业的人也最好"独立"于党派之外。吴鼎昌就亲口对我讲这一番"道理"。这是距他们留日时二十多年以后的事了。那时,我已在天津《大公报》当编辑,并不时充当"巡回记者",哪里发生了政局变动,甚至正在"山雨欲来"之际,张、胡两先生就派我去采访,必要时住上一两个月;如果只是一个空阵,并没有沛然下雨,摸清底细后,留个把星期就回津复命。

1930年初夏的一个下午,我按社里规定的时间,在编辑部编报,比较本市和北平各报的新闻和版面,安排当晚编辑的准备工作——如图片的说明资料等。胡政之先生走来轻轻对我说:"你今晚不用上班了,把工作向(赵)恩源(他从燕京大学新闻系调来不久,充当我的助理编辑)交代好了,早些回家休息休息;我们想请你出一趟门,车票已给你买好了,盘缠我也关照了会计处,你回家前去领取。"我问:"到哪里去?"他说:"张先生正在客厅会客,一会儿他会找你,详细说明一切。"

大约五时刚敲过,季鸾先生以他一贯从容的态度,含笑来对我说:"铸成,我们到胡先生房里(那时,《大公报》

'四面钟'旧址狭小,总编辑并没有单独的工作室)谈谈。"坐定后,他对我说:"广东陈济棠联合李宗仁反蒋,酝酿另组政府,这些你在报上早看到了。听说,孙科虽在几位元老挽留中,迟早也会去广东;改组派的核心人物,听说已纷纷去粤活动;有消息说,汪精卫也已从巴黎动身回国了。看来,下面的文章还会很多。我们想请你到那里去一趟,看看这各派之间有什么矛盾,会不会形成一个大联合?打出政府旗号后,会不会对蒋用兵?有些新闻,可能不会见报,你只要把真正情况摸清楚,可发表的写通讯或打电报,不能公开的可以写信给我,做编报时的参考。"

我说:"广东我从未去过,人地生疏,工作怕有困难。"

"这不重要,你已有了很好的采访经验,又和汪精卫、邹海滨(鲁)等打过交道,相信你会随机应变,做出成绩,不会使我们失望的。"

第二天上午九点以前,报馆的庶务送我到车站,上了津浦特快的二等卧车(那时,从天津到上海还没有直通车,连浦口过江的火车轮渡也没有)。离开车只有十分多钟了,这位庶务先生气急败坏地跑进车厢,说:"吴社长也坐这趟车南下,希望和你同坐一车厢。"说完,马上代我拿了简单的行李,匆匆换上头等蓝钢车。吴殷勤招呼我坐下,一面关照他的随员:"赶快把徐先生的车票去换一下。"

这种蓝钢车,设备特别讲究,两人一间卧室,铺位是相对的，房间全铺着丝绒地毯，每间还附有一小间卫生间。这种车子，听说是比国某公司特别提供的，票价比普通头等卧车要高十余元，差额要结交比公司，作为租用之费。这也是半殖民地特有的花样。总之，我忽然坐进这华贵的车子，真有刘姥姥初入大观园之感。

最使我"受宠若惊"的，我和这位社长先生虽相识了一年多，但从未认真交谈过一次。他那时已退出政坛多年，还是"在野之身"，几乎每天晚上必来编辑部。来了，就以他尖尖的嗓子，道地的四川腔，和张、胡两位交谈；有时，大概是涉及机密吧，他们还讲日本话，对编辑要闻的许萱伯，也只偶然点头招呼一下。我们——如编本市新闻的何心冷，各地新闻的王芸生，教育新闻的我，只是埋头编稿发稿，从来不去注意他们谈些什么。大约要到十一点敲过，他走了，胡回到他的经理室考查账目，季鸾先生才开始审稿、构思社评稿，或修改润色由吴、胡执笔的社评。

现在这位社长先生忽然对我这样一个年轻编辑（我当时只有二十三岁）如此垂青，如此照顾，怎不深感意外呢？

他大概已看出我的局促不安，便温和地对我说："铸成，我们凑巧同行，正好谈谈，彼此消除旅途的寂寞。"

那时，从天津到浦口，要行驶两天，我们吃饭，都是"仆欧"送来的。吴的随员，则坐在三等卧车里，一天来照看一两次。

第一天,他和我谈谈沿途的风景、名胜,也简单问问我的身世、学历。

第二天早餐后,我们一面喝咖啡,他像不经意地对我说:"我早年曾参加同盟会,是初期的老盟员,你大概不会想到吧?"的确,这使我吃了一惊,他在袁世凯时代就任显职;段祺瑞当政时,他和皖系军阀有密切关系;他过去的经历,我大概是了然的,怎么会是一个"老革命"呢?

我强自抑住我的惊讶,不动声色地问:"您后来是怎样退出的呢?"

"我是奉命的。中山先生知道我学金融商业,有一天对我说,从事金融贸易的人,最好不要隶籍党派,这样,免得国家的金融商务受政局变动的影响。你不妨退出同盟会,只要心向着革命,还是我们的好同志。这样,我就办了退盟的手续。"

他看到我神情有些怀疑,接着说:"辛亥冬,中山先生从海外归来,我曾去访谒。我当时是大清银行改组为中国银行的首任总经理,我曾向中山先生请示:'准备发行的中国银行钞票有两种图案,一是用您的头像,一是用周公的。钞票的头像,不一定表示尊敬,是一种信用久远的象征,而周公是历史上最早注意理财的政治家。'中山先生听到这里,马上说:'这就决定采用周公的头像吧!'你总还记得,前几年(指1927年南京政府建立前)中国银行的钞票,不还是印这个图案的么？"

他一路上对我关切备至，真像把我当作一个"孺子可教"的"忘年之交"。自然，他在民初当造币厂长、财政次长，然后变成财阀的经过，没向我谈及；也没有谈1918年他作为北方代表，体现段祺瑞、徐树铮的意图，破坏南北议和的过程。老实说，我当时对他如此照顾和坦率是感激的，但心中总是有些惴惴然。所以，在车到浦口以后，乘着蜂拥而上的欢迎者一阵混乱中，我提了行李，独个下了车，跑上了渡江小火轮。不料正待开驶之际，又是那位随员赶了来，说："总经理到处找您，您怎么一个人先下车了？"于是，又代我提了小箱，登上欢迎者特备的专轮。

欢迎者都是"北四行"（金城、大陆、盐业、中南）的南京分行经理和中国、交通等银行的代表，我注意到没有官方人员。我陪同他进了城，吃了一顿十分丰盛、精美的午餐。休息以后，又坐上他的小汽车，在欢送者的簇拥下，登上去沪的特快车。

不到两年，即1932年5月，他在上海策动总商会、银行公会等工商界名流，发起了一个"废止内战大同盟"，自己起草通电，并发表谈话说："国内民生状况已朝不保夕，若再有内战促其崩溃，必重演历史上之惨剧。赤眉、黄巢、张献忠、李自成往事，不难再出现于全国。"显然，他所希冀"废止"的内战，决不包括正在疯狂发动的"剿共"，而只求

留日五年

"废止"军阀之间的混战,以便共同对付"赤眉、黄巢"。

1935年10月,他又以团长身份,率领工商界巨子三十四人,赴日"考察"经济。回国后,参加了蒋介石自兼行政院长的所谓"名流内阁",出任实业部长。从此以后,重上政坛,步步高升,经常在"纪念周"讲话,也开口"吾党"、闭口"吾党",不参与党派活动的话,早已事过境迁了!

张季鸾先生毕竟是个书生,尽管他回国后就参加《民立报》,和于右任等同盟会中人共事合作,后来还在相当长的时期内,先后任政学会(国民党内的一个派别)机关报北京、上海《中华新报》的总编辑;但据我所知,他始终贯彻初衷,没有参加任何党派,即使晚年在言论上往往"右袒"蒋介石(此中主客观原因及思想根源,后面我拟试加分析),而直至易篑,还是贯彻到底,没有加入任何党派。

《民立》之花

张季鸾先生于1911年初回国。他在日本的五年中，勤奋学习，对日本的历史和明治维新以后的变化，以及社会思潮、风俗人情，做了深入的研究和调查；日文也学得很好。据说，当时日本学人有一个评价：在中国留学生中，日文写得流畅清丽的，首推张季鸾的论文和戴季陶的书简、小品。有人说，张会背诵日本的百科全书，那未免言之过甚。

张回国后，即参加《民立报》工作，任编辑。

在中国报史上，艰苦创业、再接再厉、锲而不舍的，于右任先生应是第一人。他1907年创刊《神州日报》，失败后，绝不气馁。1909年创刊《民呼日报》，5月出版，三个月就被租界当局查封。10月间，他又重整旗鼓，改名《民吁日报》，重新出版，不过出了一个月零十天，又被封闭。翌年10月，他又与宋教仁创刊《民立报》，继续宣传民主革命。那时，租界内外的民气更盛，租界当局有些害怕，不敢轻易下手了。

据包天笑先生的《钏影楼回忆录》记述，和《民立报》差不多同一时期创刊的《时报》，编辑人员连社长狄平子在内，只有四人（包括天笑和陈景韩）。当时大概除《申报》《新闻报》用人略多外（编辑也不过八九人），其他新出报纸，规模大抵不过如此。《民立报》除于、宋外，有一位徐血儿，还有新参加的张季鸾，记者（当时称为访员，记者这一称呼大概是后来从日本引进的）只有陈其美、张群等两三人。

当时干新闻工作都该是"多面手"，既当编辑，又要写评论，遇有重要新闻还要参加采访。

在政局动荡、时势激烈变动时，最能暴露报纸的立场、观点和报"格"，也每使新闻工作者的面目、人格乃至灵魂深处的东西暴露无遗。辛亥革命时如此，大革命时如此，解放后历次政治运动也大抵如此；史无前例的"文化大革命"更是如此。这些，凡是"过来人"都有亲身的体会。

我前年写《哈同外传》，曾翻阅武昌起义时的《申报》《时报》和《民立报》，颇有所感，也颇有所悟。

当时的《申报》，尚由英商美查时的买办席子佩所主持。武昌起义已过半月，该报在10月15日至20日的"评论"，题目还是《革命军与政府》《今日各种人之心理》《大战后之危言》之类，真是中立、平允之态可掬。至11月初，该报刊载了外电，说革命军已失守汉口，因而激起群众的愤怒，不约而集者千百人，捣毁了报馆的橱窗，租界工部局巡捕赶到，才强力驱散。

《时报》是辛亥革命前一年才创刊的报纸，[1]狄平子和总编辑陈景韩锐意革新。若干年后，胡适博士还盛称它当时的思想活跃，内容丰富而翔实，说他自己年轻时代，就受到《时报》的极大影响。但《时报》对辛亥革命的态度如何呢？直至起义后二十日的该报社论，题目还称《忧乱危言》，开头就说："呜呼，诚不意吾辈惊心动魄，宁终身不愿闻之革命惨剧，而竟于吾身亲见之也。"充分暴露该报对革命之痛心疾首。接着还歌颂曾、左、李的"英勇"和咸丰、同治帝的"圣明"，来激励当时朝廷的督师"平乱"将领："朝廷无狃于五十年前洪、杨之乱，天下已失其强半，而终奏中兴之凯歌也。试一考当时国史，文宗、穆宗（即'火烧圆明园'、'垂帘听政'当时的咸丰帝奕詝、同治帝载淳），其爱民勤政，怵惕惟厉之衷为何如？执政诸臣与督师之帅，其救国殉国，公忠笃志之节又何如？民间深固不摇之气，其归向朝廷也又何如？……"这种肉麻的善颂善祷，到那时还梦想"朝廷"善自振作，以立宪、维新来扑灭革命的幻想，其一片"忧国之忧"溢于言表。

《民立报》的态度，就截然不同。武昌起义的消息传到上

---

[1] 《时报》创刊于1904年6月12日。据吴廷俊《〈报人张季鸾先生传〉史实考订》，《新闻与传播研究》1994年第2期。（编者注）

海——当时电讯缓慢,加上战事正酣,对外交通中断,于右任先生就以"骚心"的笔名写了一篇热情洋溢的文章,题目是《长江上游之血水》,一开头就放声歌唱这一起义:

> 秋风起兮马肥,
> 兵刃接兮血飞。
> 蜀鹃啼血兮鬼哭神愁[1],
> 黄鹤楼头兮忽竖革命旗!

接着,以乐观的口吻展望革命前途:"武昌踞天下之形胜,在我国地理上、历史上所谓易进取而难保守者也。今日革命党得之,又踞兵工厂,断京汉路,渡江与外人周旋,其势如迅雷。其愤如此,其激如此,其速如此!……呜呼,蜀江潮接汉江潮,波浪弥天矣!"

这位于先生真不愧是当时新闻界的斗士,在清军水陆并进,正企图以泰山压顶之势挤垮仓促形成的革命营垒之际,就大胆指出了革命必成的前途,尽情歌颂。而且,他的文笔酣畅淋漓,比之八九年前章太炎先生在《苏报》上的古朴笔墨,当更易打动广大阶层的读者。

---

[1] 指武昌起义前之保路运动,川督赵尔丰在成都大肆屠杀,激起四川各地纷纷揭竿而起。

于先生后来贵为"党国要人",还不胜怀念当时的战斗报人生活:"《民立》余馨更可思。"在有人撰写《徐血儿传》时,他作序言,颇有感慨地说:"使我终为报人,当亦如此。"

宋教仁(渔父)先生也一连写了几篇社论,从地理、民气上剖析起义必胜,并劝告英、日等国坚守中立,不得"乘间窥伺",勿"助纣为虐"。他的文章细密,富有逻辑性,并鼓励全国奋起,响应起义。"呜呼,西南半壁割据之大势已成,龙血玄黄,战争方始。举足左右,轻重攸分。嗟我国民,尚其善自为谋,而无感于浅识之见,昧昧于顺逆之界说与欤!"这也可能是针对当时那些保守或保皇立宪的"舆论"而发的。

此外,徐血儿先生也写了不少激昂慷慨的社论及时论。我在拙著《报海旧闻》中曾说,20年代前我国报纸的评论,多半是《太上感应篇》式的不着边际,空泛无物,即政论家如孟心史、颜旨微之作,也只是就一个时期的形势加以剖析论断。严格说,只能说是政论,不是新闻评论。这在当时禁网日密的情况下,确是如此。看到辛亥革命当时的报纸,特别是《民立报》,改变了我的看法。它几乎全是根据当天发展中的新形势,发表明确而及时的评议,时间性、针对性都"扣"得极强。以后所以变为"空""玄",标榜"冷""默",殆二次革命(也称癸丑革命,1913)失败之结果。

季鸾先生不知用什么笔名("一苇"是后来为《新闻报》

写北京特约通讯时才开始用的),但正如上述的《民立报》编辑人员极少,几乎个个既编且写,是一个十分精干而志同道合的战斗集体。他那时已积有在《夏声》写时论的经验,不会不"见猎心喜"。《民立报》上,有好多篇社论和短评,我默察其文思和笔调,认为可能是他写的。如10月20日的一篇评论《呜呼弓与狗》,署名是一个"鹓",会不会和"鸾"有联系呢?那时,清廷已起用袁世凯,袁还在讨价还价,逗留洹上,暗中策划之时,又起用已被革职之岑春煊。这篇文章针对袁、岑的处境和心理状态,巧妙地加以挑逗。其中间的一段:"虽然,飞鸟尽,良弓藏,狡兔死,走狗烹,昔之人固早已岌岌焉危之。况今之所谓弓者,固久藏之弓乎?所谓狗者,又已烹之狗乎?曩者,鸟未尽也,兔未死也,而已藏之韬、烹之釜。一则抚髀饮泣,一则遵时养晦。憔悴行吟,固俨然昨日事也。"

"俄而鸟高翔矣,俄而狗跳踉矣,四顾寂寂,寥乎无人,乃张而弓,乃嗾而狗,俾驱驰奔走于戎马之场。呜呼,为之弓若狗者,果其忘其前事,欣然以获效死为荣乎?抑其惩后惩前而不复敢轻于一掷乎?观于西林(岑)之再疏固辞,项城(袁)亦有足疾未痊之说,吾恐专制政府驱策政工的妙术,亦有时而穷于应付也。"

同月十八日,有一篇短评,题为《袁世凯》,也如刺入袁心腑的匕首:

"袁世凯,朝廷疑忌之人也。今一旦授以大权,岂真能捐弃前嫌乎？毋亦效祖宗之成法，驱汉人以杀汉人耳。

"使袁氏慷慨而出，一战而败，而死，则赐谥建祠，子孙袭爵，均不能得。吾知江忠源、程学启诸人且将傲公于地下矣。

"使袁氏拼死一战而胜，而肃清革命党，则始必为中兴之曾国藩，终必为国初之吴三桂，否则亦必为年羹尧；再下之，则为恩铭、孚琦辈相逐于地下而已。"

文笔之玲珑，构思之巧妙，亦如季鸾先生后来的写作；署名"孤鸿"亦符合他当时的身世。

当时《民立报》的短评，有一篇是署名"冷观"的，这是胡政之先生以后一直用的唯一笔名——别人也未闻有用过的。那年，胡先生也回国抵沪，但我从未听他谈起曾参加《民立报》——后来才一度参加于、张创办的民立图书公司。而且这篇短评是从国际法上说明瑞澂如何才能算是一个国事犯，受到外国的政治庇护。这也符合他的专攻——法律。看来，张、胡二位那时已有相当深的友情，是张拉他"客串"的。

当时的《民立报》实际是同盟会的机关报，宋教仁、陈其美都是中部同盟会的核心人物。上海光复后，陈即出任沪军都督，宋则成为临时参议院及以后临时国会中同盟会的首领。1912年元旦中山先生宣布就任中华民国临时大总统，于右任被任为次长，并保荐季鸾先生为总统府秘书。

1983年秋，我去南京小住时，曾专门去访问临时大总统府旧址，看到中山先生的卧室，陈设极为简单朴素；总、次长议事的会议室,则是一张长圆桌,围以圈椅,处处表现孙先生平民总统的作风。他仅仅三个月的任内,颁布了许多根本肃清封建制度、尊重人民权益的法令、法规,工作之紧张,眼光之远大,可以想见。他所延揽的秘书人才,除季鸾先生外,尚有任鸿隽先生等,都是二十多岁的一时才俊。

季鸾先生后来告诉我,他在孙先生就职时,就发了一份电报给《民立报》,报告临时政府成立及孙大总统就职的简况。他说,这是中国报纸第一次发的专电,他引以为自豪。同时也可见他虽暂时从政,还对新闻工作有浓厚兴趣。当时,我曾问季鸾先生:"听说孙先生的就职宣言也是您起草的,是吗?"他严肃地说:"意见是孙先生的,我不过记录而已,而且孙先生审阅后署名发表,就是他的文章了,我不该引以为荣。"

据当时任《时报》编辑的包天笑先生晚年写的《钏影楼回忆录》,民国元年以前,各报都没有用电报传递新闻,因为那时一等电(官方发)每字一角,三等电(民间发)每字三角,哪个报馆也不敢用。孙中山先生就任大总统后,才令交通部改变收费办法,民用电也改收每字一角,而特别优待新闻电,每字只收三分。狄平子先生首先给《时报》的驻京特派记者黄远庸发电,新闻界大为震动。《申报》《新闻报》以后也每天有"本报专电"了。

这也可以旁证,中国报纸之自有新闻电,确以季鸾先生一电为嚆矢。

两度系狱

辛亥革命,武昌首举义旗,各省纷纷响应。孙中山先生从海外归来,于1912年元旦在南京就任临时大总统,成立中华民国政府,宣告:"尽扫专制制度之流毒,确定共和,以达革命之宗旨。"

《民立报》的于右任、宋教仁等,纷纷到宁任临时政府的重要骨干,记者陈其美(英士)则被推为沪军都督,成为上海的"方面大员"。张季鸾也由于右任的推荐,任南京临时政府的秘书。

当同盟会中人弹冠相庆,以为革命已经成功之际,老奸巨猾的袁世凯早已成竹在胸,阴谋篡夺。他凭借北洋军权在握,内凭武力作基础,外结立宪党人为之广造舆论,以之抗衡临时政府。他以迫清室"逊位"为代价,要求掌握民国政权。

当时,孙先生出于无奈——举例言之,作为机要部下的汪精卫,曾以威胁口吻"劝告"孙先生:"先生如不及早引退,天下将谓先生恋栈个人权位了。"而立宪党人则处处掣肘,如任实业总长的张謇,控制东南各省盐税,扣押不交临时政府,使百事待举的临时政府,财政濒于枯竭。总之,孙先生在内外交迫之下,不得不于2月13日向临时参议院辞职,荐袁世凯继任临时大总统。从此,民国名存实亡,开始了长达十七年的北洋军阀统治时期。

宋教仁赴北京,团结同盟会议员,在国会中向袁进行"合法"斗争。于右任仍回沪主持《民立报》,并暗中在陕西联络和布置革命力量。张季鸾和于及胡政之、曹成甫合作,创办民立图书公司,旋奉于命赴北京任《民立报》记者。不久,创刊北京《民立报》,自任总编辑。这是这位青年独立从事新闻事业的开始。当时,他才二十四岁。任该报经理的是江苏崇明人曹成甫,曹和于右任也是结交多年的朋友,时年三十余岁。

这是这位青年记者第一次进京。沪宁铁路火车,他是去南京任职时来回坐过两趟,乘津浦车则还是第一次。好在曹成甫曾到过北京,可作"识途老马"。他们在南京住了一晚,目击前一年张勋退往江北时,辫子兵焚毁下关所留下的断垣残壁,一片荒凉。他们在下关码头雇了一叶小舟,摆渡到了浦口,上了津浦车,也像沪宁车一样,沿途不时有英籍稽查来查票、盘问;过了济南,则改由德国人稽查。他们不胜感喟,尤其是季鸾先生,他遥望千佛山,远眺山东的一山一水，仿佛都似曾相识。那里是他出生的地方，是他慈母的故乡。一草一木，他都有梦里依稀的亲切之感。

在火车上颠簸了三天三夜，才到天津，在紫竹林小客栈里休息了一晚。翌日清晨，又坐上京奉铁路火车，到了北京，那时正是1912年的春末夏初，一出东车站，就黄沙滚滚，扑面而来；仰视前门、正阳门城楼高耸，好一派"皇都"气象！前门外拥塞着大车、马车和洋车，即上海的黄包车。那时，东西两面的便门尚未拆修，正阳门是唯一的通道，通过一次往往要费一小时多。

他们先到西河沿的高升客寓投宿，掌柜的是陕西人，一脸笑容地招呼他们，看好一间有玻璃窗的上房，自有伙计殷勤地打水"洗尘"，沏上一壶茶，然后送上饭菜。

听到有串门的小贩叫卖报纸，季鸾忙叫住每种买了一份，有一大沓。原来，作为首善之区的北京，舆论已很发达，有最早创刊的《北京日报》，有《晨钟报》，有新近发行的《亚细亚报》，有日本人主办的《顺天时报》，还有其他不少新创的报纸。时已过午，天津出版的《益世报》《大公报》和《京津泰晤士报》也到了。他斜躺在床上，一份份翻阅，仿佛看到各式各样的面目，有的是公然吹捧"袁大总统"的，有的是反映立宪派意见的，有的是态度"超然"而同情国民党的。新闻最多也最敢于"昌言无忌"的是《顺天时报》，季鸾心里明白，它不是真正敢言，而是有日本帝国主义作后盾,又唯恐中国"天下不乱"。他也知道《大公报》所以全无生气,是因为革命成功,一向主张维新立宪的英敛之已态度消极,弃报不顾,到北京从事教会教育事业了。

季鸾身子骨单薄,经过几天旅途劳顿,有点咳嗽、感冒,微微有些低温,在旅舍里休息。醒时躺在椅子上看看报纸和新出的书刊。曹成甫去大栅栏买了几味成药,给他调理。经曹锟兵燹以后,大栅栏和前门大街还是一片废墟。同仁堂老药铺在后进的小屋里营业。

季鸾也无法安心静养,不时有巡警带领虎视眈眈的军警督察处——袁世凯的特务来逐房搜查、盘问,有时半夜也来叫门。他忙着催曹成甫快出去看房子。自己身体恢复一些,也出去拜访新闻界的同业黄远生、刘少少和蒲殿俊等,也和陕西同乡、故友们相周旋。

没有几天,曹成甫由他的杨姓亲戚介绍,看定了南池子附近的一所四合院房子,一切家具、粉刷、糊顶棚等都安排好了,搬了进去。从此,他们算"安"了家,张就开始了他的记者活动。

当时,袁世凯已暗中布置对付同盟会,武力进兵南方(当时长江以南各省大都由革命党人控制),实行武力统一的阴谋。他一面拉拢和收买临时国会中与同盟会无关系的议员、政客,一面派他的亲信陆建章成立名为军政执法处的特务机构,到处搜查和拘捕无辜,天天有人被拉出去枪决,以制造恐怖空气，威胁同盟会中的软弱动摇分子。是年6月，他下令撤销南京留守府，解除黄兴的职务。同时，他同意同情南方的唐绍仪内阁辞职，派亲信官僚陆征祥组阁。这是他阴谋的第一次暴露。但那时他还未坐稳总统的交椅，他急图召开正式国会，选他做正式——而非临时大总统。而国会中的势力，同盟会仍占压倒多数。因此，他还要敷衍孙（中山）、黄（兴），提出邀请他们和黎元洪到京举行四"元勋"会谈，共商国是。孙中山先生明知袁居心叵测，但想努力实行他的建国方针，从事实业建设。8月，中山先生应邀抵达北京，袁以元首礼接待，招待他住在准备做总统府的外交大楼，并共同召见文武百僚。中山先生并允担任全国铁路督办，声明要为国家建筑十万公里铁路。那时，同盟会也正式改组为国民党，孙为理事长，而以宋教仁为总干事代行理事长在京的职务。宋年轻有锐气，辩才无碍，幻想控制正式国会，以责任内阁制扼袁的野心。

季鸾先生说话急时有些口吃，而才思敏捷，学识渊博，能深入分析形势，因此，不久即和国会中的各派有识之士频繁交往，受到尊重，特别和国民党中的政学会——一个小派别的中心人物如李根源、张耀曾、谷钟秀、欧阳竞武等交往最密。

在他们的鼓励下，张于1913年初创办了北京《民立报》。那时，创办一个报馆，不需要多大资金。北京有不少印刷厂，有一两架四开平板机，即可代印。编辑部也只要有一两个助手，两三个校对，再雇一些报贩叫卖，就可出报了。

《民立报》发刊不久，即以消息灵通、言论犀利受到各方重视。

那年3月，宋教仁为正式国会即将选举，亲赴南方各省为国民党发表竞选演说。20日路经上海，被袁指使凶徒武士英等暗杀于北站，武及其同谋犯应桂馨旋即被租界捕房捕获，并搜出赵秉钧（袁的死党，当时任国务总理）、洪述祖（内务部机要秘书）与应等密谋的往来电稿。"刺宋案"的轩然大波，受到举世的瞩目。

袁世凯以恐怖手段压制北京各报，《民立报》也无法披露此案真相。季鸾先生以巧妙的手法，向上海《民立报》写寄通信，透露袁方的阴谋。

那时，袁对南用兵已"急如弦上"，他秘密向英、法、美、日、俄五国银行团暗中接洽两千五百万英镑的"善后借款"——时称"大借款"。张与日本记者时有来往，从他们那里看到"草约"全文，立即向上海《民立报》发出了这个消息。报纸一出，全国震动。当天晚上，军警包围北京《民立报》社，将张及曹成甫锒铛逮捕，投入军政执法处特设的狱中。那是一个"死狱"，非刑拷打不必说，被关进这个"虎口"，十之九难以生还。经李根源等友好多方营救，张被系三个多月，才得以释出；曹成甫则已瘐死狱中。张恢复自由后，即被驱逐出京。他回到上海，即在其挚友康心孚主编的《稚言》月刊上，发表了《铁窗百日记》，揭露袁党的黑暗统治。

曹的遗孤曹谷冰，由于右任及张等培育，送到德国留学；归国后，由张介绍入1926年改组复刊的《大公报》，为重要骨干之一；1931年还由张派往苏联采访，出版《苏俄视察记》；以后一直任《大公报》社的副经理、经理。这是后话。

总之，在袁世凯窃据国柄的初期，在北京的记者，自以黄远庸（远生）为最著名。他进士出身，文笔犀利，所写通信，每能鞭辟入里。其次为刘少少，也以为沪报写特约通信而知名。但黄的观点接近梁启超的进步党（后在"洪宪"开锣以前，袁强拉他任"御用"的《亚细亚报》总主笔，黄冒险逃往美国，爱国华侨疑为袁党，加以狙杀；或谓系袁派特务狙击的）；刘后来也默默无闻。那时，站在进步立场，英勇揭露袁政府阴谋活动的，季鸾先生站在最前线——那时，邵飘萍先生尚未入京，张和黄、刘可说是记者中的"民初三杰"。

张出狱返沪，落拓无依。时胡政之先生任《大共和报》总编辑，延张任日文翻译。同时，张的好友康心孚任创办不久的吴淞中国公学之学长，即教务长，校长为马君武，张和胡都兼在该校任教，张教日文和外交史。他在中国公学任教虽仅一年多，却有一段"插曲"可谈：当时，有一个学生叫盛世才，对张极为崇拜。"九一八"事变后，盛以下级军官随李杜参加抗日义军，后失败逃入苏境，由苏联遣送至新疆。因缘际会，新疆省主席金树仁被部下杀死，盛"平叛"当了新疆督办。盛曾写信给张，要求《大公报》派记者赴新疆采访，张派年轻记者李天炽前往。李辗转到了迪化（今乌鲁木齐）时，盛的态度突变，枪杀、迫害不少中共党员和进步人士，李也被软禁达一年余。经张一再函盛催询，始获释出。临行，盛命部下赠以一金条作为盘缠。李到达甘肃后，找金铺兑换，才发现只有一层金皮，约值一两，其中全是灌的砂块。1934年我在汉口见到李时，他已黑瘦俨如一干瘪老头了。[1]

再说1915年袁世凯搞帝制阴谋，蔡松坡（锷）返至云南，组护国军讨袁。张和他的朋友同住一个里弄内，密商响应，井勿幕去滇任护国军参谋长，张和曾通一、康心如（康心孚的弟弟）留在上海，创办《民信日报》，声讨袁党罪行。张任总编辑，曾通一任经理。1916年袁忧急病死后，黎元洪继任大总统，张又到北京，受上海《新闻报》聘请，任驻北京特约记者。当时，《新闻报》已为全国发行最广的报纸，除张外，还由该报前总编辑张继斋亲任北京办事处主任，扩

---

[1] 李天炽去新疆不是盛世才邀请，也没有被盛世才软禁，而是受到战乱阻隔达8个月。张季鸾曾于1938年受盛世才邀请，但未成行，而派陈纪滢前往新疆采访"全疆各民族第三次代表大会"等活动。据吴廷俊《〈报人张季鸾先生传〉史实考订》，陈纪滢《抗战时期的大公报》，黎明文化公司1981年12月版。（编者注）

大采访。《申报》则延请邵飘萍先生赴京,任特派记者,是为飘萍入京之始。

他们都主张民主,反对军阀暴政。当时,飘萍的特约通信和张以"一苇"署名的通信、徐凌霄的"彬彬"通信,最脍炙人口,受到广大读者的热爱。我就是看了这些通信,立志以记者为终身职业的。

段祺瑞承继袁世凯的衣钵,控制中央政权,依然实行军阀独裁统治,依然念念不忘对两广及滇、湘各省用兵(那时长江中下游各省已落入北洋直系军阀罗网),实现其武力统一的迷梦。

时旧国会已恢复活动,政学会的张耀曾、谷钟秀等在京创刊《中华新报》,张自任社长,聘请张季鸾任总编辑,康心如为经理,周太玄、王光祈等任编辑。对皖系军阀政府,时予讥弹。

那时,吴鼎昌已被段任为财政次长兼造币厂的厂长,成为安福系的红人。胡政之在《大共和报》关门后,一度赴淮安任法官;1915年段系政客王揖唐任吉林巡按使(相当于省长),胡去东北担任他的秘书长。1916年,安福系财阀王郅隆收买《大公报》,变成段派的喉舌,由段的主要心腹徐树铮的推荐,胡任该报总经理兼总编辑。

可见,那时季鸾先生和他的两位留日好友,已走着完全不同的两条路了。

段祺瑞以徐树铮为"智囊"和得力助手,企图借参加第一次世界大战之名,扩充个人武力,不惜出卖国家主权,以胶济铁路为抵押,向日本秘密借款。张在《中华新报》披露此消息。段、徐赫然震怒,命令京师警察总监吴炳湘查封《中华新报》等六家报纸及邵飘萍主办的新闻编译社,季鸾、康心如及编译社的何重勇被捕,拘押于首都警察厅,历半月余,经国会抗议和张耀曾等多方营救,始恢复自由。

旧社会有一句话:"没坐过牢,不是好记者。"在那黑暗的岁月,记者要说真话,敢于坚持进步,争取民主,没有不吃苦头的。季鸾先生两度被捕,受尽牢狱之苦,在这一阶段,可以说是经得起考验的了。

生死之交

邵飘萍与张季鸾两位先生,是我早年就崇拜的杰出前辈。在中学读书时,我曾如饥似渴地细读他们写的每一篇通讯和评论。1926年秋我入京求学,飘萍先生已于是年4月下旬被奉系军阀所害,真是"缘悭一面"。张季鸾先生则是我从1929年调至天津《大公报》任编辑后,受他的指引和熏陶达十二年之久,直到他1941年病逝。

"同行相妒""文人相轻",报社的其他前辈对飘萍的生活细节每有微词。而季鸾先生于同业人物,从不轻于评议;谈到飘萍,总极口赞叹其采访之高明、写作之精辟和对恶势力斗争之英勇。但他从未跟我谈起他和飘萍的交情。

去春(1984),读中国人民大学出版社出版的《新闻学论集》第七辑,刊有方汉奇先生的《发现与探索》,详记飘萍的另一夫人祝文秀所提供的有关飘萍的一些史料,使我大为恍然。文中有一节专门谈"有关邵飘萍和张季鸾交往的情况",说"祝(文秀)文有两处提到张季鸾对邵的帮助,一处是在邵遭到皖系军阀迫害时,张建议他到日本去工作一段时间,以避其锋;一处是帮助邵把祝文秀送往日本,说明两人关系密切"。文中还转引了祝提供的细节:"一、大阪《朝日新闻》原来聘请的是张季鸾,张把这个机会让给了邵飘萍,并向《朝日新闻》作了推荐。二、邵遇害后,张对祝文秀和她母亲非常照顾,接她们到天津居住,每月馈送生活费一百元。每星期必请她们母女吃一次饭,还经常送戏票到她们家,要她们看看戏、散散心。祝氏母女从1926年到1929年,在天津共住了三年零一个月,在此期间,每逢邵的忌辰,张都要到祝的寓所来慰问,并亲撰祭文,在邵的遗像前一边流泪,一边朗读。读完焚化,以为祭奠。"

古人说:"一生一死,乃见交情。"从祝文秀(1982年时已八十六岁,在无锡依其养子祝诏华安度晚年)所提供的两例,说明邵、张两位真是生死之交,生死不渝的。

我想先就这两点,做一些补充说明:1920年以前,张也受到皖系军阀迫害,且被逮捕投狱。直接追捕他的,也是当时的京师警察总监朱深。张出狱后回到上海,飘萍1920年逃到上海时,他任《中华新报》总编辑,因该报经营不善,(飘萍在他的《实际应用新闻学》一书中,曾论及:"张季鸾君主持上海《中华新报》,立论公正,文笔犀利,惜该报拙于经营,无法展其所长。")经济也十分支绌。大阪《朝日新闻》为当时日本最畅销的报纸,曾获美国密苏里大学奖章——在东方各报为第一家。无论从名利或完全观点看来，被约为该报记者，实为难得之机会；而张为了解救邵的危急，自己放弃，转介邵去担任。

飘萍遇害时，张季鸾正由沪流落到天津，经济十分困窘，而毅然接邵的遗孀母女到天津居住。同年9月，《大公报》复刊，经费尚不宽裕，每月馈赠一百元，当时相当于一个正式编辑的月薪，且持续三年不断。他这样的义举，从未在同事中透露过，更不要说标榜了。在1926年到1929年间，张于公余嗜爱"拍"曲，极为欣赏北昆的韩世昌、庞世奇等的艺术，经常预订一些票子，分送友好。我和《大公报》其他同事，不止一次陪他去看过。后来，在"孤岛"期间，我也迷过一阵昆曲，就是受此感染。

飘萍先生1884年生于金华，比季鸾先生大四岁。1898年邵考取秀才的时候，张还在山东邹平等县依老父少母延师攻读。他们那时都已受了梁启超《时务报》《新民丛报》的影响，关心国家大事和天下大势，初步萌发了"新闻救国"的思想。1908年飘萍在金华中学任教并开始任《申报》特约通讯员，时季鸾已赴日留学，编辑鼓吹革命的刊物《夏声》，并为于右任先后创刊的《神州日报》《民呼日报》等投寄通讯。初试新闻工作，两人也差不多是同时的。辛亥革命前后，张回国任《民立报》编辑，邵则赴杭佐杭辛斋先生任《汉民日报》主编，正式"下海"当记者，也几乎是同时的。袁世凯盗窃国柄，推行专制黑暗统治时，张在京大胆揭露其阴谋，被捕下狱，几遭毒手。飘萍也因反袁在杭被捕。他们一南一北，在不同战壕里，同一战线，向窃国大盗做英勇战斗。

飘萍于1914年去日攻读，留学后于季鸾八年。不久，日本统治者对袁世凯提出企图吞灭中国的"二十一条"。时袁已阴谋帝制自为，想以出卖国家主权，换取日方之支持。飘萍首先驰函国内，揭露此鬼蜮内幕。那时，张在沪主编《民信日报》，也大胆加以声讨，并与友人密商，支持云南的护国讨袁之役。

1916年6月，袁忧急死去。同年下半年，邵、张两位几乎同时入京，分别任《申报》和《新闻报》的特派驻京记者。他们所撰写的"北京特约通讯"，文笔恣肆，揭露继袁窃国的段祺瑞军阀政府的黑暗，鞭辟入里，洛阳纸贵，同为国人所传诵。邵入京后，创办中国最早的通讯社——北京新闻编译社；张也兼任北京《中华新报》总编辑。1917年在揭露段政府与日方秘密签订参战借款的内幕后，张与北京新闻编译社的何重勇（出面登记人）同被逮捕。张被驱逐出京，邵留在北京，创刊《京报》，并先后在北京大学、平民大学教授新闻学，并陆续发表了《实际应用新闻学》《新闻学概论》等著作，展开多方面的活动，宣传爱国，反对军阀和帝国主义。

邵、张两先生所以结下生死不渝的深厚友情，不仅因为他们的遭遇相似，曾长时间与恶势力进行坚韧的斗争，还由于他们都热爱新闻事业，立志终身为之奋斗；又有相同或类似的办报思想。

飘萍曾说："余百无一嗜，唯对新闻事业乃有非常兴味，愿终生以之。"他直到被捕前夕，还以报事为念。季鸾先生除民元任临时政府秘书外，1925年又曾一度从政；那时国民二军的军长胡景翼（翌僧）任河南军务督办，胡是张早年的同乡挚友，向当时的张绍曾内阁推荐张任陇海路会办。那是当时有名的"肥缺"。他到任不到一月，就拂袖而去，说："不干这个劳什子，还是当我的穷记者去。"回到天津，无固定工作，每日写评论，访新闻，投寄沪报。1940年下半年他最后一次到香港，那时他的肺病已到末期，还时常约我讨论时事，传授写作经验，有时还代我写社评。我曾劝告："您该多静养，少操心，笔墨之事，让我们年轻人来多做吧。"他笑笑说："我身体不好，脑子还管用。作为一个老记者，如果不想、不记，那就只剩下一个'老者'，活着等于死了。"他易箦的前几天，还倚床为新创刊的《大公报》桂林版写重庆专电稿，真可说是一息尚存，笔耕不已了。

飘萍先生认为："报纸之第一任务，在报告读者以最新而又最有兴味、最有关系之各种消息。故构成报纸之最重要原料，厥为新闻。"他一手创刊的《京报》，新闻力求翔实，版面活泼生动，一洗旧报纸之沉沉死气，而且着力于报纸全盘内容之充实、多样，副刊除《小京报》外，另辟文艺性的副刊，由孙伏园主编，经常刊载鲁迅等的作品。还每天有一种周刊，涉及妇女、儿童、经济、教育、文艺各方面。1926年9月复刊的新记《大公报》，在张季鸾、胡政之两先生主持下，也全力注意新闻的独力采访——不依靠外国通讯社，并努力于新闻编辑的革新。也有各种周刊，特辟的周刊《文艺》，初期由杨振声、沈从文主持，不久，一直由萧乾、杨刚先后主编，成为新文学的一个重要园地。最相似的，《京报》有《小京报》，《大公报》的副刊名《小公园》（大概都脱胎于民国初年上海《时报》的《小时报》）。可见，邵、张两位对报纸内容颇有相似的设想；也可以说，季鸾先生是接受死友的理想，加以发扬的。

　　应该说，他们两位是当时中国报界有胆有识的改革者，对开创报纸的现代化（自然是当时的"现代化"）道路，建立了不朽的功勋。他们是"一时瑜、亮"，而各有所长。比较起来，飘萍更擅长于采访，季鸾则尤以新闻评论出色。张对飘萍的采访，曾由衷赞佩说："飘萍每遇内政、外交之大事，感觉最早（铸成按：即新闻敏感最强），而采访必工（动脑筋、想办法）。北京大官本恶见新闻记者，飘萍独能使之不得不见，见而不得不谈，旁敲侧击，数语已得要领。其有干时忌者，或婉曲披露，或直言攻讦，官僚无如之何也。

自官僚渐识飘萍,遂亦渐重视报纸,飘萍声誉以是日隆。"

他们的办报思想也是十分近似的。飘萍先生认为:"新闻事业具有特殊的性质,是社会公共机关,是国民舆论代表。""由于新闻事业具有广泛的社会性,负有指导教育(包括政府)的责任,因此,应该保持相对的独立性。""组织上、经济上是独立的,不应受政治势力和经济势力的控制,也不以他们为后盾。"

他还认为:"记者是独立的,记者是超越政治的。""记者应保有职务上、精神上之自由,保持经济、思想、人格的独立,既不参与任何党派团体,也决不从事于实际的何种运动。只许'坐而言',不许'起而行',保持客观的态度。"(以上均引自新华出版社《新闻界人物·邵飘萍》篇)这和张季鸾先生在新记《大公报》创刊时标榜的"不党、不卖、不私、不盲",基本思想是一致的,都以热爱国家、追求进步为前提。这至少在当时的环境下,是有积极意义的,挣开了传统的束缚,与黑暗搏斗,奠立民众舆论的基础。

前章已经提过,季鸾先生早年虽同情同盟会的革命主张,但认为记者应超然于党派之外,他从来没有参加任何党派。他曾感慨地谈当时的报纸:"且中国报界之沦落甚矣。自怀党见,而拥护其党者,品犹为上;其次,依资本为转移;最下者,朝秦暮楚,割售零卖,并无言论,遑言独立;并不主张,遑言是非。"(1923年《新闻报三十年纪念祝词》)

他们两位,都有特别敏锐的"新闻感觉"。出于强烈的爱国主义,对新思潮、新事物和时代的新变化,探索敏求,博闻强识。在1925年马克思诞辰一百零七周年时,《京报》出了纪念特刊,强调马克思主义要与中国实践结合。季鸾先生早在1924年即写了《列宁逝世》一文,刊于当时的《中华新报》,开头就说:"列宁逝世之报,将永为人类历史上特笔大书之事,何则?由一种意义言之,彼乃千古之一人也。"

接着他发挥说:"历史上所谓大英雄,其事业往往代表一民族或一国家为止;而列宁之理想,则为人类的,其事业则为世界的。列宁以前,固亦有若干世界主义的理想家,然辄空言而止。列宁则独能于世界一大君权国中,除破坏其政治组织以外,并将其社会组织、经济组织根本推翻,创空前未闻之劳工专制政体,以外抗强邻,内压敌党,巍然为资本主义一敌国,以至今日。就此言,千古一人而已。"

"列宁之友遍天下,其敌亦遍天下,然而无论其友其敌,对于列宁氏个人之人格、毅力,无不称赞之者,诚以彼之革命事业,纯由一种理想而来。彼目中除资本阶级与劳工阶级之对抗的事实以外,不见有国家之境界。彼之理想为消灭私有制度,创劳工专政之世界联邦,是以虽反对其主义者,而睹其不屈不挠之精神,与其澹泊勤恳之态度,则无不倾服之。要言之,彼为真有理想而实行之者。彼之事业,实为人类而非为自己,且不仅为俄罗斯。就此点论,亦可谓伟大之人矣。"

在20年代的初叶，能够发表如此大胆议论，他的眼光和魄力，应该说是惊人的。那时，除极少数先知先觉外，举世滔滔，视"赤化"为"洪水猛兽"；记者能有这样的认识，而且撰文发表此见解，是要具备极大的胆识的。

而且，他不是出于一时的感触，1929年发生中长路争端时，他一再撰写社评，呼吁东北当局（那时东北尚未"易帜"）勿轻启战端，授日阀以渔翁之利。随后，即函托负责办理此交涉之蔡运升氏代为联系，派记者曹谷冰赴苏参观，历时半年；所写通讯尽情披载，后编为《苏俄视察记》，对正在完成第一个五年计划的苏联成就，做了客观的报道。

抗日战争期间，他坚决主张联苏抗日，邵力子先生出使苏联时，他特别写了《送邵大使赴苏》，热望中苏友谊的加强。据邵先生生前写的回忆录，他那次赴苏，就是季鸾先生极力怂恿的。

1924年第二次直奉战争发生后，冯玉祥将军回师北京，与胡景翼、孙岳等成立国民军，瓦解了直系军阀势力，实际也敲了北洋军阀统治的丧钟。冯还电请孙中山先生北上，召开国民会议，解决国是。当时全国人民，都瞩望国步能开始走向光明。邵、张两先生都和国民军方面有联系，对此新局寄以热望。想不到"道高一尺，魔高一丈"，张作霖旋即推段祺瑞入京，组织临时执政府，后又与吴佩孚"言归于好"，结成反冯联盟，合力把国民军压迫出北京，退往南口。当奉直联军进攻京津时,帝国主义悍然插手,援引《辛丑和约》,迫冯军撤去大沽口兵力。这种干涉我内政的行动,激起京津学生的强烈抗议,天安门大会后,学生愤怒游行,段命执政府卫队开枪,死伤枕藉,是为"三一八"惨案。当时,飘萍先生不仅在《京报》上披露真相,揭斥内外反动力量的阴谋,并直接参与爱国活动,站在前列。执政府当时宣布李大钊、易培基、徐谦等六人为"祸首",命令"通缉"。据鲁迅揭露,他们还定下第二批"黑名单",凡五十余人,鲁迅、飘萍均在内。不久奉军入京,飘萍先生就被逮捕杀害了!

季鸾先生在国民军成立之初,也兴奋地第三次入京,仍为《新闻报》写特约通讯。适段祺瑞执政府上台,即至开封,旋又流落至天津,以卖文为生——《新闻报》的汪汉溪对张极尊重,每月仍寄一二百元薪金,约张写稿。

综观这两位卓越报人的生平,飘萍先生活动范围较广,开创新闻阵地之外,还孜孜于新闻教育,培育人才,因而和青年接触的机会较多;"五四"以后,同情劳工,随着新思潮前进。季鸾先生虽然也见多识广,勤于研究新问题,但思想上旧的因袭较深,开拓不广;而在认真办报,改变文风方面,以后则有更深更广的建树。

这两位先生都辩才无碍,风流倜傥。邵与汤修慧夫人是在杭州结婚的。前此有沈夫人,后此有冯夫人、祝文秀夫人,第五位夫人则姓氏俱佚。汤修慧夫人亦能文,佐飘萍创办《京报》。飘萍遇难后,汤夫人艰苦支撑,维持《京报》,直到"七七"事变才毅然停闭,民族大义凛然。

季鸾先生先有李夫人,后在沪主持《中华新报》时娶王夫人。1935年娶陈夫人筱侠女士,生了张先生唯一的儿子士基。1936年《大公报》上海版创刊之际,他又娶了一位夫人,翌年"八一三"事变后"资遣"了。这四位夫人,我都看到过,最后一位的姓氏也佚闻了。

当时的社会就是如此,我们决不能以社会主义精神文明的尺度来衡量古人——包括对已经作古的近代人的生活细节。我之所以要补叙这一段,"不为尊者讳",不仅想尽可能实事求是地保持历史真实,使人物刻画更丰满些,也为了说明我国的封建土壤多么深厚!

耳目一新

新记《大公报》创刊那年——1926年,我恰好考进清华大学。我进的是新制第二班,每班学生八十名。另有旧制——留美预备班四个班尚未毕业。加上国学研究院有学生二三十人,一起算来,同学不过五六百人,偌大一个水木清华园,显得十分舒展、疏朗。第二院是一排排平房,其中辟有一学生阅报室,面积很大,中外文报纸相当齐全。同学们不必等待图书馆开门,随时可以去那里阅报。那时正值大革命如火如荼地开展,北伐军已打到长江的时候。青年们特别关心瞬息变化的时局,只要不是上课时间,阅报室里总挤满了人。我是阅报久已成瘾的,自不必说。那时《京报》已没有邵飘萍生前那股生气。《晨报》也像梁任公先生一样,有点"与世两忘"的样子。《世界日报》较活泼,但在恐怖的气氛下(邵飘萍、林白水被杀未久),也登不出什么新消息。大家不得不看《顺天时报》和天津出版的《京津泰晤士报》,尽管看时就感到一种屈辱,伤了民族的自尊心。

开学刚几天，我看到每至午饭后，总有一大堆人挤着看一份报纸。后来，索性有人把这份报纸挂在中央，以便每张两面都可让人挤着看。那时，我才知道是天津新复刊的《大公报》。那天晚上，连忙去图书馆借了前几天的报纸细细阅读。

掀开版面，就感到有一股与众不同的清新之气扑面而来。三、四版全是重要新闻——综合国内外的，没有广告，新闻一般是老五号字（那时所有报纸还没有采用新五号字），头条新闻重要句、段夹排三号字。编排参差错落，不像别的报纸那样呆板。特别是头条和几个三栏标题，准确而生动，正如袁子才《随园诗话》所说是"立在纸上"，而不是躺在纸上，有强烈的吸引力，引人急于去阅读新闻全文。因为《大公报》馆址在天津租界，禁锢自然比北京报纸疏松些，而字里行间也看出编辑曾下了功夫，有些委婉写出真相，有些意在言外，有些绵里藏针。第二版上部是广告，下截为社评。创刊头两天的社评不止一篇，有署"榆民"的，有署"前溪"或"冷观"的。第三天后不署名，声明所有社评都代表报社意见。总的来说，内容言之有物，见解每多精辟而不流于俗，虽是文言文，而通晓易懂。

第二张为本市新闻、各地新闻和副刊《小公园》，内容也有特点，格调较高。

我细阅之后所得的印象，是从少年时开始阅报以来，从来没有看到这样一份生气盎然的报纸，而且产生一种信任感,认为它的一字一句都是可信的,要了解时事,不能离开它。从此以后,也和大多数同学一样,对它着了迷,不看完它,一天的心事像没有"了"。

我是中学没有毕业,借文凭考上清华的。在这"天堂"里才过了半年,"东窗事发",教务长梅贻琦(月涵)先生把我约到他家里,温和而真挚地说:"因为你母校穷追不放,我们实在为难,无法应付了。我们对你的品学都很满意,你不必灰心。张伯苓先生和我有师生之谊。这里,我已写好一封介绍信,你去南开读半年,明年回来插二年级,可以不耽误学业。"说毕,他把信交给我。我怀着感激而绝望的心情,离开教务长住宅,第二天就离开清华。梅先生对我的安排真是周到极了,但我清楚,我父亲每月收入只有三十多元,那时还欠薪好几个月,南开一学期至少得花二百多元,父亲是断断负担不起的。

于是,我到父亲工作所在地的保定,仍用借来的文凭考入河北大学。半年以后,转入北京师范大学。那年(1927)冬初,就半工半读,参加了《大公报》的姊妹机关国闻通讯社,开始当新闻记者。遇有重要新闻,要另写一份较详细的寄至天津。想不到我与这家一向为我所倾倒的报纸,从此结了"不解之缘"。

以后,我才慢慢地了解了《大公报》创刊初期的经历。

创刊新记《大公报》的"三巨头",是吴鼎昌(达诠)、胡霖（政之）、张炽章（季鸾）。吴比张大四岁——1884年生；胡比张小一岁——1889年生。吴、胡两位都是四川华阳（今成都）人；吴原籍为浙江吴兴，胡则出生于安徽，都可说是南方人。三人都在同一时期留学日本，归国以后，政治态度大致上也有南北之别——张倾向同盟会，吴、胡则与北洋军阀皖系(即安福系)有时断时续的联系。

吴大约在1908年左右即由日本回国。他本是秀才出身，回国后参加"廷试"，授翰林院检讨。当时清廷正注意登用"洋务"人才，留日归国学生如曹汝霖、汪荣宝、章宗祥等，都在那时考取洋翰林的。吴有一位族伯，曾任山西藩台(相当于民政厅厅长)，由其举荐，吴入东三省总督锡良幕，被派至本溪湖矿务局任帮办。吴苦无实权，又经人介绍认识大清银行监督叶景葵，被派为总行稽核局局长。1910年，转任江西分行总办。辛亥革命后，他因与同盟会曾有香火缘，参加大清银行清理工作，旋被任为改组成立的中国银行总理，发行第一批中国银行钞票。这一段光荣史，1930年我与他同车由津去沪，旅途无事，他曾津津乐道地对我详谈。

袁世凯时代，他与总统府的秘书长梁士诒有交情，1913年袁派熊希龄组织"人才内阁"，梁启超等任总长，梁士诒曾举荐吴当财政次长。袁很迷信面相，吴谒见后，袁对人说："此人脑后见腮，说话带啼声，不宜重用。"为了敷衍梁的面子，委为天津造币厂厂长。因此，吴得以免于卷入洪宪的旋涡。

袁的表弟张镇芳曾任河南督军,并包揽盐务,独资创办了盐业银行。1917年张勋复辟,张镇芳曾附逆当"议政大臣"之一。事平,被列为"祸首"而通缉。段祺瑞政府"清理"盐业银行,任命吴为该行总经理,以后他一直挂了这个名义,实权则仍在张氏父子之手。1918年的段祺瑞内阁,曹汝霖为交通总长兼财政总长,他约吴任财政次长,吴要求兼任天津造币厂厂长。为什么他对这个职务特别有兴趣呢?因为"袁头"成色等关系,造币厂每年除将赢利上缴国库外,厂长可以每年稳得额外提成五万至十万元。另外,皖系军阀卢永祥任淞沪护军使时,收缴一批鸦片,说是焚烧了,实际上暗中出卖了,得几百万元,此事曾激起上海各界的公愤,指为"大舞弊案"。段政府为掩人耳目,派人调查,写出报告,照例应由财政部批核。曹汝霖得贿八十万,嘱次长副署,吴故意搁置。听说曹送了一张二十万元的支票,吴才欣然照办,清了此案。总之,吴是靠这两项发了财。

在1918年到1919年南北议和中,吴被任北方代表之一,接受徐树铮的指使,从中多方破坏,深受段的赞赏。但他毕竟不是段派的核心人物。1920年直皖战争中段失败垮台后,吴与安福系(1918年徐树铮、王揖唐等在北京西单安福胡同设议员俱乐部,包办新国会选举,因而得名,成为皖系政客集团的代称)就分手了。1922年,他约金城银行的周作民、中南银行的胡笔江、大陆银行的谈丹崖，共同发起成立"四行储蓄会"，并设"四行准备库"——以后即被称为"北四行"，吴任总理，俨然为北方财阀巨头。

1926年之顷，他们三位都面临一个转折点。先说吴鼎昌，他自从和安福系分手后，立志要办三件事：一是办一个储蓄会，以夺回万国储蓄会、中法储蓄会所夺取的利益。二是办一家"现代化"的大饭店，以替代上海的外商饭店。后来二十四层高的国际饭店，就是他擘画、用四行储蓄会的资金创建的。三是创办一个像样的报馆。那时，他在经济界已有了地位，左右逢源，而念念不忘重登政治舞台，他所发愿的三件事，实际上是在搭造重新爬上去的阶梯。有一旁证：我参加《大公报》并受到青睐之初，大约在1928年，胡政之先生曾约我谈心。他先说《大公报》是一个志同道合的文人论政组织，有志之士都可以发挥才能。而且，"我们规定：事业向前，个人后退。事业是永存的，任何个人都随年老而后退，让新进者源源接替，担当重任。所以，希望你以《大公报》为终身事业。"他还说："不要看轻报馆这个事业，办好了，可以安身立命。张岱杉（民国初年历任财政总长、盐务署长）先生曾身患重病，我去看慰，岱杉在病榻握着我的手说：'政之，我可能一病不起了，生平历掌财务，在我手里流过的钱无虑千万亿元。我懊悔没有办两件事：一、开一爿银行；二、开一个报馆。现在已两手空空，贫病交加，无能为力了,政之,希望你以我为鉴,善自努力吧!'可见,办好一张报,可以作为一切事业的根本。他这番鼓励我的话,和吴达诠先生的'三愿'实际是'不谋而合'的。"

新记《大公报》创刊后七年半,吴鼎昌以"前溪"的笔名,写了一首七古《赠张季鸾》,刊于1934年《国闻周报》新年号:

久交谁能忘其旧,深交谁能忘其厚。
我何与君两忘之,日见百回如新觏。
我今露顶君华巅,依然当时两少年。
君缀文章我敲诗,我把酒盏君操弦。
平生忧患忘何早,乱世功名看亦饱。
七载津沽作汝阳,天下人物厌品藻。
江南江北江湖多,几时投笔买笠蓑?
嗟予作计止为身,问君上策将如何?

这很可以反映张季鸾的人品和作风,也可见吴达诠创办《大公报》时"身在江湖,心在魏阙"的心情。1934年初,他已准备一步步重登政治舞台了,"问君上策将如何"?张的回答是现成的:快到南京准备上任去吧。

老《大公报》是1902年(清光绪二十八年)由满族人英敛之创办的,以倡导维新、同情光绪、讥弹西后专政而受读者欢迎，成为当时京津畅销的报纸。辛亥革命后，他灰心世事，赴京从事天主教教育。1916年，将《大公报》售予皖系政客王郅隆。谈起王郅隆的历史，颇有些传奇色彩。他本是天津的一个混混，后流落为妓院的"大茶壶"——侍役的头儿。大约在1913年，安徽督军倪嗣冲有次道出津门，去妓院涉猎；一时赌兴大发，想凑一局"麻雀"，三缺一凑不成局。王精于此道，要求"奉陪"。赌了半夜，倪大输，约定第二夜再赌，结算时，倪输了上万元，忍痛开出支票。王却把支票在烟灯上烧了，说："大帅看得起，已是小的造化。赏钱断不敢收。"倪看他口齿伶俐，善于交游，就委他任皖督署驻津代表，负责与外商接洽购买军火等事。从此，他有了大笔回扣，很发了财，更加意巴结倪氏父子。倪把他介绍给徐树铮，徐那时正想倚倪实力以自重，也引王为心腹。后来，还保举王当财政次长、安福俱乐部的干事长，成了皖系的一个"荷包"。

王接办《大公报》后，徐推荐胡政之任经理兼总编辑。1917年胡曾随段赴马厂誓师——声讨张勋复辟。事后，胡曾在《大公报》著文说："张勋复辟之役，本报言论、记事翕合人心，一时有辛亥年《民立报》之目。"1918年第一次世界大战结束，他由王揖唐资助，以《大公报》记者身份采访1919年在法举行的"巴黎和会"。我曾不止一次听胡讲过："这是中国记者采访国际会议的第一次。"回国后，皖系倒台,他曾参加林白水主持的《社会日报》——后改名《新社会日报》。1921年8月,他赴上海创办国闻通讯社。这是孙(中山)、段(祺瑞)、张(作霖)暗中结成"三角反直(曹锟、吴佩孚)联盟"的产物,幕后由杨庶堪及皖系浙江督军卢永祥的儿子卢小嘉主持。

这个内幕,说也奇怪,我是从蒋介石的文件中看到的。1929年我刚调到天津报社工作,有一天,在堆放资料的书架上看到一个小木箱,打开一看,原来是影印的蒋介石早年传记。翻到1922年孙中山由沪赴粤任大元帅后致蒋介石函中"嘱咐":"对民智书局必须尽力维持,对国闻通讯社津贴应按月筹付。"

国闻社总社设在上海,并先后设立汉口、北京、沈阳、哈尔滨等地分社。1924年8月,创刊《国闻周报》,为我国最早的时事性期刊。当时,上海《中华新报》以经济拮据宣告停刊。张季鸾与胡同住在成都路一条里弄里,胡曾约他主持《国闻周报》笔政。张只以"一苇"的笔名写了几篇时论,回答说:"一星期写一篇文章,不过我的瘾。"

《国闻周报》创刊甫一月,江浙齐(燮元)卢(永祥)战起,卢旋失败"下野"。国闻社失去靠山,赖国民党的少量津贴维持。吴鼎昌有时在《国闻周报》上发表些经济问题的文章,每月支援三四百元。当时,《国闻周报》经常的撰稿人,有小凤(叶楚伧)、公展(潘公展)等,社址也与《民国日报》在同一幢楼,可见它与国民党的渊源。

1925年11月,旧《大公报》奄奄一息,终于宣布停刊了。那时,胡政之到天津活动,张季鸾辞去陇海路会办的职务,原想仍当穷记者,而流落天津,"甲胄生虮虱",百无聊赖。有一天,他们和寓居天津的吴鼎昌见面,三位旧友畅叙后,步行经过日租界四面钟,看到大门紧闭的《大公报》馆,感喟万分。不知由哪一位先提议,总之,"英雄所见略同"。三人都主张把《大公报》的房产、设备、招牌都买下来,"旧店新张",出一份像样的报纸。三人决心协力同心,全力以赴。乃由胡找到王郅隆的儿子王松五(王郅隆本人1920年被列为"安福十凶"而通缉,逃往日本,1923年东京大地震时死去)商谈,以一万元成交。

三位的动机显有不同,而以全力办好这张报,"只许成功,不许失败"的决心是一致的。

当时曾"约法三章"——可能只是口头约定:一、经济完全独立,不受任何方面资助。由吴出资本五万元,除付王松五一万元外,开办费一万元——包括订购白报纸、添补设备。其余三万元存银行备补贴。三年内如不能达到收支平衡,三万元赔光即关门大吉。二、胡、张不得兼任任何有给职(三年内)。他们的生活所需,完全由吴负责。我1929年调天津报社时,张、胡两位只各支月薪一百元——像我这样的起码编辑,也达此数了。吴在四行储蓄会"研究费"项下,每月支付每位三百元。当时,大学教授的月薪一般是三百元,他们每月有四百元,是可以过相当优裕的生活,可以全力工作了。三、吴任社长,但一切用人行政都由胡全力主持,吴不加掣肘。胡的名义是总经理兼副总编辑,张则任总编辑兼副总经理,吴只帮助写社评,言论方针由张掌握。

对这三项约定,吴的确是遵守不渝的。经营上,他只管白报纸的订购。那时全国各报用纸都自舶来,如购结外汇行市看不准,会吃大亏。吴工于筹算,而胡于此道自认外行,因此,这事请吴亲自决定。关于用人进退升迁,吴从不过问。据我所知,吴只向《大公报》推荐过两个人,一为北大教授张佛泉,请他试写政治经济社评,不久即离去。一为清华毕业生马季廉(和我同班同学),向吴自我推荐,进入报社(1930),曾主编《国闻周报》,大约历一二年即辞去。

胡自己也很少引用亲戚、同乡,而能破格地引用人才,提拔人才,颇有用人唯贤的气概。只有财务稽核段继达是他的表弟,还是兼职,白天在中国银行工作,晚上来一两个小时,查核当天的账目、现金、票据。除吴、胡两位外,《大公报》馆里几乎听不到四川口音。

在天津那十年(1926—1935),胡每天清晨七八时即到报馆,巡视经理部,了解发行和广告情况,细读报纸——包括本市其他报纸。中午在经理部吃饭,打一个盹,一时许就重上班,督促白天班的编辑(如副刊等版)、记者工作。三时，规定夜班编辑都要集中编辑部看报。他自己最认真阅读京、沪及其他各地报纸，好的新闻，用红笔圈出，供各地新闻版参考。对外文报——日文、英文、法文报他也一份不漏。晚上在编辑部一起吃饭，饭后即开始工作。每星期他要写两篇社评，有时也写点新闻稿。八时左右，吴鼎昌总来到编辑部，和张、胡漫谈时局，大约十时前后回去。那时张季鸾先生即忙于看稿、撰文，胡则去经理室细审账目，对各地办事处作指示，直到深夜一两点才回家。他有惊人的精力，每天只睡五六小时，工作时间则长达十三四小时。真可说是把全部身心，都扑在这个事业上了。

《大公报》创始初期的班底，基本来源于两个方面，一是胡政之在老《大公报》的旧人，如副经理王佩之等，工厂的头目差不多全是旧人；二是国闻社的骨干，如李子宽和金诚夫，被称为胡的左右手：那时一在上海、一在北京，任特派记者兼国闻社主任。由他们两位介绍原北大同学许萱伯来任要闻编辑。何心冷是原《国闻周报》的文艺编辑，调来任本市新闻和副刊《小公园》编辑，还兼采访主任。此外，翻译主任杨历樵于1927年入馆；我和王芸生都于1929年入馆，我任教育版和体育版编辑，兼编经济版。王任各地新闻版编辑。

编辑部那时连校对不过三十余人，全馆职工共百数十人，可说是一支精干的队伍。

庶务主任周作恭也是国闻社的老人,他年迈无子,心境不大好,染上了烟瘾,白天无精打采,晚上却能熬夜。胡叫副主任管白天的杂务,晚上由周上班。周烟瘾发了,就去报社对面的德义楼——一乌烟瘴气的日本旅馆去"香"两口(大概胡还特别予以津贴)。他经管白报纸及其他材料的进出,核查夜班职工勤惰,直至按时出报。报发完了,他才回家睡觉。举此一例,可见胡的善于用人所"长"了。

胡、张两位的作风完全不同。胡道貌岸然,对人不苟言笑,报馆职工都畏其严厉,大家背后叫他"胡老板"。只要他在场——在初复刊的几年,他每天几乎无时不在报馆,职工都不敢轻于言笑。编辑部自编要闻的许萱伯以次几位编辑。喜欢业余"凑"四圈——打麻将,总要等"胡老板"离开编辑部,才敢于一个一个抽身出去。

季鸾先生对工作一样要求严,平时对人则完全是另一种风格,和蔼、平易近人,不时约同事出去看"北昆"的戏,有时也约到他家中吃便饭。兴之所至,他还对许萱伯等说:"今天还有时间,你们凑四圈玩玩。"他平时了解人,同事、朋友有什么困难向他开口,他总倾囊予以接济,亲友向他写信求援的,他总尽力满足其要求。

有一件事,可以说明他的为人。那时,报馆有一位姓何的外勤记者,颇得张的信任,平时接到打给他的电报,总找何代为翻出。何时常因手头不继,向张告贷。有一天,他把床上的被头叠成有人睡的样子，把鞋子摆好，帐子放下，去法租界胡混去了。恰好那晚张收到一电报，要找何翻，自己找到职员宿舍，见何的床铺上似有人熟睡，忙叫了几声，不见答应，掀开帐子，原来是个"空城计"，他照样把帐子下好。一声不响叫别人翻译了。第二天，也不责问何，见了只淡淡地说："年轻人要注意身体。"以后，何有困难，向季鸾先生开口，照样有求必应。

  我曾和何心冷兄谈起："胡先生很方正，所以如此严厉。"何笑着说："大观园有两个石狮子是干净的，《大公报》连石狮子也没有。"

优哉游哉

我1927年正式跨进新闻界大门,是从国闻通讯社北京分社开始的。该社先设在东单的喜鹊胡同,以后搬至相隔不远的船板胡同,地近苏州胡同。这是一幢三进的平房,朱门粉墙,轩窗明瓦,像一座达官的公馆。那时,《大公报》(新记)已复刊近一年,胡政之先生的家眷尚留在北京。他每星期来京住一两天,照料家务,并指挥国闻社的大计——分社主任当时是金诚夫兄;另发英文稿,由孙瑞芹兄主发。

我在该社工作的两年中,自然更有机会天天熟读《大公报》社评,更心仪张季鸾先生的文笔、才华。但季鸾先生却从未来社一次;他肯定是到过几次北京的,但他来时,政之先生必留津主持。国闻社的工作,张从不插手指挥。

直到1929年春,我才第一次见到季鸾先生。那年,我以《大公报》记者的名义去沈阳采访华北运动会新闻,报馆当局对我的成绩大概很满意;当我搭乘的选手专车过津时,胡先生派人把我从车上"截"下来,留我在报馆里休息三天。

　　坐落在天津日租界旭街（今和平路之一段）四面钟对过的《大公报》馆，只有两层。二楼主要的编辑部，不过约四十平方米。另外有两个小间，一间是职员宿舍，何心冷兄就住在这里。这次，他也去沈阳，当我的助手。会后，他即乘南满车赴大连，转轮赴沪结婚。因此，政之先生招呼我宿在他的空铺上。心冷兄的妻子李镌冰女士——李子宽兄的姐姐，在上海创办国闻社总社时（1923），他们就由相慕而订了婚约。新记《大公报》创刊后，她常投寄文艺小品，成为《大公报》初期的三位有名的才女之一——另两位是驻英伦特约记者吕碧城女士和南开大学第一期毕业的蒋逸霄女士（编《妇女》周刊）。陈学昭女士任驻法特约记者，是稍后的事。以上是我信笔写的一段"插曲"。

　　我刚把行李铺设停当，政之先生即来招呼："我同你去拜访张先生，现在是十一点，估计他已起身了。"

　　那时我对天津卫还很陌生，出得门来，就不辨东南西北。跟着胡先生走不过十分钟，就到了一座假三层双开间的院落。走进房子，一位胖太太即笑脸相迎，并高声喊："胡先生来了。"一位面目清癯、两眼炯炯、留有小髭的中年长者已在客厅门前迎候。不用说，他就是季鸾先生。他握着我的手端详了一忽儿："你是铸成吧，这次工作很出色，你很有新闻头脑，年轻有为。"口气非常亲切，如对家人子弟。

他问了些东北的见闻,还问张汉卿的健康情况如何。我答话时,注意到他双鬓已微有白发,穿着一件绸面的袍子,轻飘飘的,像是薄丝棉袍;举止谈吐,颇像我想象中的一位"江南才子"。

胡先生看了看挂表,说:"我已关照在同和居订了座,是时候了,我们慢慢地走去吧。"后来我知道,当时《大公报》只有一辆半旧的小汽车。他们两位住家离报馆都很近,经常是步行的。

那次同和居之宴,算是报馆对我此行的正式慰劳。同席的有副经理王佩芝,庶务主任周作恭,编辑部的主要人员许萱伯、杨历樵等。王芸生兄好像那时还未进馆,曹谷冰兄当时继任国闻社北京分社主任——金诚夫兄已调任驻宁办事处主任。

随后,张、胡两先生还分别设家宴款待我。

回京后,继续半工半读,上午在师大上课,下午出去采访。

相隔大约不过三个月,忽接政之先生来信,内容很简单:"有要事,盼兄即来津一行。"

我忖测不出是什么"要事",第二天带了简单的行李,赶到天津。胡先生几乎是无时不在馆中的,立刻就见面了。他只简短说明:"报馆想请你去太原跑一趟,目的和要求,张先生来了会找你详谈。"接着,他交给我一百元旅费,说:

"如果住的时间长,可以到太原分馆经理雷觉民处支取。"

三点钟光景,季鸾先生来了,还是那么飘洒、安详。他含笑地说:"好,你来了。我先去安排一下工作,你在胡先生房里等我(当时他还没有特设的总编辑室),回头我来找你,好好谈谈。"

我待了大约不过一刻钟,他来了,先开门见山地说:"想请你再去一趟太原,试试'跑跑'政治新闻。"然后详细说明:"冯玉祥已到山西,他和阎能否真正合作,我们还摸不清楚。我的目标太大(指他与西北军首领的友谊),我亲自去,怕南京疑心。上月曾叫谷冰去了一次,未着边际。你初出茅庐,不会引起注意。"他接着从口袋里掏出一封信,交给我说:"这是我介绍你和李筱垣(书城)认识的。他和王鸿一先生是这次拉拢冯阎联合的主要牵线人。筱垣先生是我的多年好友,会告诉你内幕变化;你采访到什么新闻,有必要也可以向他请教证实。其他如刘定五(治洲,冯的总参议)等人,就不用介绍了。你随机应变,多带着眼睛。如果采访顺利,你不妨多住些时候。"最后还关照:"你北京的事能放下,最好明天就动身。"

我当晚回京,第二天早车赶到保定,匆匆拜见了在那里住家的父母,晚上到石家庄;第三天傍晚,就到了太原。

我那次在太原住了一个多月,经过情况已详拙著《报海旧闻》,不再赘述。总之,那时年轻好动,笔头又勤,采访的面越走越宽;而所接触的人事,一如季鸾先生所预料。我到并甫十天,即接到季鸾先生的亲笔信,大意说:"自兄到并,电函纷来,所盼新闻,应有尽有,甚佩贤劳。"这一纸奖慰,像一股热流,沁入心腑,起了极大的鼓舞作用;也使我增强了采访政治新闻的信心。

那次采访约半个月,归途在定县下车,冒风雪去参观晏阳初先生主办的平民教育会试验区——这是胡政之先生早就给我安排的。住了三天。回京写了一篇《定县平教会参观记》,这是我首次尝试写的社会调查通讯;先在《大公报》连载,胡先生还特地写了一篇介绍的社评,以后,又一并在《国闻周报》上转载。

假使不是一匹驽马,总会因自信而自尊,不甘俯首帖耳,不愿笼头被勒得太紧,妨碍放足奔驰;还难免有些桀骜不驯的"野性"。问题在于驾驭者的识别和器量。政之先生有知人之明,我曾多次谈过他能千方百计延揽人才,大胆提拔干部的例子(如对长江同志,如对我这样有一长可取的人);但在用人之量方面,似乎还稍逊于季鸾先生,特别在《大公报》上海版创刊(1936)以后。

以我亲身的感受为例:季鸾先生比我大十九岁,政之先生大十八岁,而且都是我由衷尊敬的"上司",但我给他们写信,只称"先生",自称为"弟",从不用"我公""晚"这样的称呼,他们两位都不以为忤。我每次去外埠采访——

报人张季鸾先生传

反正我口袋里没有什么私款,一切用度,都取自领到的旅费,不够时,向该地分馆支取。事毕回来,只报了一个总账,交给政之先生,他总在上面签了一个名,给报销了。他精于筹算,他很了解我的疏阔,能尊重青年知识分子的自尊心。1929年初秋,我回江苏宜兴原籍结婚。我自己只有存款五十元,父母代筹一百元,政之先生致送贺礼百元。到满月时,区区二百五十元就用光了。我只得写信向政之先生告急,并附了一段话:"如先生不予援助,弟只能在南方另谋职业矣。"他立即汇寄百元,并说已决定调我到津馆任编辑,月薪当增加。只在最后加了一句:"盼兄以后多体物力之艰难。"

转年春,政之先生调我赴平接任国闻社主任,这显然是他和季鸾先生给我进一步发挥才能的机会。但原主任未经交代就回津了,其眷属则搬迁无期。当时,国闻社已迁至南河沿一座较大的房屋,有宽敞的职员宿舍。我年轻气盛,只待了三天,写了一封信给政之先生,要求仍回津工作,未得复函,就径自回到了天津。这事,他很生气,也可能有些同事认为他对我太"宠"了,大概要刹一刹我的"骄""锐"之气吧。他三天不另派我工作。季鸾先生则对我笑谈如常。我回津后写了一篇《北平图书馆新馆参观记》,他编发在四版显著地位,而且故意在胡先生面前赞不绝口,又派我再赴太原采访;回津后,大概也由他的调排(全馆人事大权,向由政之先生主持,季鸾先生很少过问),派我接编教育新闻版。

每次他审阅大样时,看到我这版有些新的创造,不论在编排或标题上,必当着政之先生的面加以首肯。

两位先生都是爱才的,而在用人之量及耐性上,显然还有轩轾。这样的例子,以后还有不少可举,而且在这点上的"差距"越来越明显。

1984年6月,我去天津重游旧地,曾去四面钟《大公报》旧址凭吊"故垒"——内部虽已经改造,而外形及大体轮廓依然。我恍惚又如置身于五十五年前刚从事编辑工作的报社里。编辑部的情景如在目前,靠窗——临旭街的一面,放着一张较大的写字台,右面是季鸾先生写作和编辑的座位……

那时,全编辑部内外勤不足三十人。而且,工龄最长的也不过五六年,王芸生是被张先生看中,新从《商报》"挖"来的。但胡先生用人以国闻社出身者为主,对王还不大放手,只安排编各地新闻。总之,当时的《大公报》,主要靠张季鸾、胡政之这两位报坛的老将,擘画一切,以全副精力从事新闻事业的革新。他们两位,作风各有不同。胡先生态度严肃,处事一丝不苟,对自己,对同事,要求都很严格。张先生则从大处落墨,不拘小节,白天和各方人士接触,晚上则写社评,修改稿子,考虑版面和制重要标题,审阅各版大样,抓纲提目,也务求精审。但他总游刃有余,工作毫无手忙脚乱之态。

在他们两位的指挥下，手把意授，把来自五湖四海的近三十个青年——最大的不过三十多岁，小的不到二十岁，团结成为一个志同道合的集体，各显所长，内容日见精益求精，使《大公报》在读者中的影响，蒸蒸日上。特别是张季鸾的社评，风靡一时。

初期《大公报》的社评，全部由吴、胡、张三位分写，统归张最后润色，以保持文风和观点上的大体一致。有一段时期，达诠先生曾推荐北大教授张佛泉试写有关政治理论方面的评论稿，似未被采用。我1932年被派赴汉口当特派记者后，听说间由杨历樵兄写纯国际问题——不涉及中国和远东的评稿。增辟"星期论文"栏，目的固为延揽名家——最初只丁文江、翁文灏、胡适、陈振先、蒋廷黻等六七位，广采舆论，也为他们三位减轻劳累——一周可少写一篇社评。

季鸾先生一般是下午二时左右即来馆，他首先看当天送来的经济行情，因为那时的公债涨落、外汇升降最能反映国内政局的变化；其次是翻阅日文、英文报纸，对本市及平、沪出版的其他报纸也略加披阅，但没有胡先生那么认真、仔细。到了三点钟，各方宾客就接踵而至了。有时，他还特地函邀一些读者来馆谈话。总之，直到晚饭前，他一直忙于接待来访者，会客室几乎由他独用。

晚上，大约九时许上班。那时，第二、三张的大、小样，陆续送到他的桌上，本、外埠发来的稿件，以及外国通讯社的电讯稿纷纷送来。他先把电稿剪裁分类,并关照编辑如何处理——次要的先标题付排,重要新闻则决定发三栏或四栏,题目留待他自己最后标制。

对较重要几版的大、小样,他审阅相当仔细,有的标题也加以重写。那时,他一面不时要接电话。吴鼎昌先生经常在一段时间来馆,他们三位还总要高谈对时局的看法——有时用日语交谈。他好像总能多方应付,不慌不乱。

到十一点钟,他才动笔写社评,或修改、润色吴、胡两位写的社评稿。因为到那时,当天重要新闻的发展情况,他已了然于胸了。他有这样两套功夫:一、编辑部工作无论多么繁杂,外面的市声无论怎么喧嚣——窗外就是日租界的中心闹市旭街,人车终日喧闹;对面又是一家乌烟瘴气的德义楼饭店,他能够"闭聪塞明",全神贯注写他的稿子。二、写稿能长能短。当时,《大公报》的社评是刊在第二版下部。广告多了,地位会被挤缩小。他动笔前,先问排字房留下多大地位。有两千字他就写足两千,一千二就写一千二,不要加"条"或抽"条"——一般凑合版面的方法。遇大问题字数少了,他也能"畅所欲言";小问题而篇幅大,他也能旁征博引,句句扎实,不使人有勉强拉长的印象。有时写到一半,忽然来了更重要的新闻,决定易题重写。为了"抢时间、争速度",他写好一段,裁下来先付排,接着写下去,边写边付排。全篇付排后,到小样打来再加润色。还有,最后来了新闻，社评必须修改、补充时，他能划去一段，补上一段；划去几个字，补上几个字。排字房不须硬挤，不会影响行数，还可准时打版、付印。

能做到这一步，不仅靠文笔快，脑筋灵，打好腹稿，还要有一套基本功：除对时事了如指掌，有各种丰富的知识外，有关国内外的重要数据，不论是历史的还是当代的，都应牢牢熟记于胸。如春秋哪年开始，唐太宗的大臣有哪几位，戊戌政变发生于哪年哪月，巴尔干战争发生于哪年，《九国公约》有哪几项主要条款，等等，他都熟记而引证毫无错误。如果要临时去翻资料，就来不及了。

徐盈兄曾对我说过，1938年在汉口时，周恩来曾对人说：做总编辑，要像张季鸾那样，有优哉游哉的气概，如腾龙跃虎，游刃有余。这真是很确切的评价。

老子说："治大国如烹小鲜。"张先生领导当时闻名中外的大报，就有这种本领。

在他生前，《大公报》只有他一个总编辑。王芸生兄和我，分别任重庆版、香港版编辑主任，而实际上他已因病退居幕后，两版的编辑、言论全由我们掌握。他1941年逝世，几个月后香港即陷落，我到桂林工作，总管理处才分任王为重庆版总编辑，我为桂林版总编辑。我每自惭不能稍继余绪。

拂袖去川

我是1932年春被派当《大公报》特派记者兼汉口办事处主任的,一去工作就是四足年,直到1935年底,才调赴上海,参加《大公报》上海版的筹备工作。

在这四年中,季鸾先生写给我指导工作或介绍信,不下数十封。他对工作很认真,一旦我有出色的成就——如采得了"独家新闻"或写了有分量的通讯,他必亲笔来信表扬与鼓励。

政之先生1933年曾过汉赴广西参观。在汉逗留近旬日,我曾陪他去武昌访晤湖北省政府主席张群氏,张曾设宴款待,以尽同乡之谊(张、胡均四川华阳人)。

那次他在汉口,还决定成立《大公报》湖北总分馆,订售报纸,兼营广告,并发售本馆及外版书刊。派我兼任经理。

1935年3月间,季鸾先生忽来汉口。我事先得通知,为他觅得汉口最宽敞的太平洋大旅社作为他的下榻之地。一年多不见(一年前,我曾赴津报告工作),他的华发似乎又增加一层灰色,精神也不似以前开朗。整天约他的在汉亲友叙谈,很少出去游玩。我问他要不要联系和张岳军等军政人员见面,他只摇手说:"不要去惊动人家,我此来只想休息一下。过几天,我还想入川一行。"

过了约半个月,他果然买轮船票赴重庆去了。过几天,我接到津友的信,才知道张、胡两先生对报馆前途采如何办法,意见有分歧,最后张先生拂袖出门了。因为从《塘沽协定》签订后,华北人心浮动,所谓"华北之大,摆不下一张书桌子了"。在这敌军铁蹄日益深入的形势下,季鸾先生主张早日将报馆迁到上海出版,否则,等敌军卡住了我们喉咙,再搬就迟了。胡先生则认为上海是《申》《新》两报的"码头",《大公报》虽已行销全国,去沪出版,难以抵抗"地头蛇"的恶斗。他不主张"轻举妄动",而吴达诠先生的意见,大概也倾向不如暂在北方苟安。这就激怒了张先生,拂袖入川,去找他的同乡好友康心之先生。时康为重庆川康银行总经理,为川帮银行界巨擘,张想劝说康先生,出资五万元,好像当年吴达诠投资的办法,放任张先生自由发挥,他有自信,能在短时间内,异军苍头突出,重建一舆论权威的。

我翻看那年1月出版的《国闻周报》,其中有季鸾先生写的《我们有甚么面子?》,文中沉痛地说:"近来从心坎里想骂人,但有条件,是从自己骂起。譬如就我们说,自民国以来做新闻记者,这多年在天津做报,朋辈们都说是成功,报纸销得,也受重视,在社会各方庇护之下,何尝不俨然是中国大报之一;但在'九一八'以后之中国,清夜自思,事前有何补救?事后有何挽回?可见现在四省沉沦,而大报馆还是大报馆,老记者还是老记者,依然照常地做所谓舆论的指导,要用《春秋》论断,除恬不知耻四字而外,恐怕任何批评皆不适宜。同时再从一方面讲,这样大报,办得稳吗?老记者的铁饭碗,有保持的把握吗?我敢断言,绝对不稳,毫无把握!甚么理由,大概用不着讲,总括一句话,国家不稳,什么事业能稳?国家无把握,甚么事业能有把握?……再进一步说,岂但自己维持大报无把握,改行能行吗?迁地有办法吗?逃到乡下不做事,能安全吗?祖宗坟墓,能保得住吗?妻儿老小自己能保护吗?这样推论下去,必然要得出唯一的结论,就是在国家现状下,一切事业,都算无基础;一切生命财产,都是不可靠。北方有句俗话:不能混。国家现状就是这样,中国人不能混了,以四万万人的大国,落到这样不能混的地步,而我们这样赖国家栽培,受过若干年教育,仗社会优待,吃过多少年饱饭的人,束手无策,一面依旧写一些一知半解的文字,号称做舆论的工作。不细想则已,细想起来,焉能不羞愧欲死……"可见,长时期来,对报馆的前途,自己如何自处,他已反复做了考虑,认为在天津再也"混"不下去了,才下了那么大的决心,宁可另起炉灶,也不能让《大公报》在敌人包围中窒息而死。

那时,敌人的铁蹄已踹到平津的头上,学生爱国运动受取缔,古都的古物已成批装箱南运,报纸如何能维持中国人的声音,保住民族的气节,的确不能姑息,是十分迫切、十分现实的严重问题了。

再说张季鸾到了重庆,受到康心之和其他友好的欢迎,即在康公馆下榻。他和康氏三个昆仲(心孚、心之、心如)都是留日时相交的挚友。民国以来,且共过患难。那时心孚已亡故,心之则改营商业,成为川帮财阀的重镇。季鸾先生和他及心如互叙契阔后,并谈了他的看法:对日抗战几年内终将爆发。那时,中国的力量还不足以抗衡日本,势必败退迁都重庆,那时,四川将成为全国命运所系,举世瞩目的地方。别的且不谈,建立一份有权威的报纸,实为要着而早事绸缪。接着,他透露他和胡政之看法上的矛盾,决定重振精神,来重庆办一份报。他要求康心之拿出五万元,作为资本,自任社长;他愿来当总编辑。他并细述他和吴鼎昌、胡政之当年决定的几样协议,希望康也能大体照着做。康心之看他决心很大,就拍着胸脯说:"咱哥儿俩的事,什么都好办,不瞒你说,这几年我的手头宽裕多了,筹措五万元当无问题,一切照老哥的办法进行好了,但戏还要你主唱,班底、腔调也要由你决定。"他们只经过一席畅谈,这件事就完全决定了。康心之开始在化龙桥附近看好一块地,准备为报社建造一片房子,而且特别关照,编辑部要设得宽绰些。季鸾先生也因满腹心事,得到了解决,又恢复了从容、愉快的心情,开始到南温泉等附近名胜去游览,并和四川军政要人交游来往,为报纸开办预先做了些交际。那时,刘湘幕下有一个怪人,名刘颂云,自称不仅能治百病,而且善于占卜看相,能预知一个人的吉凶祸福,刘湘十分信赖他,叫部下也尊为刘神仙,甚至一切内外重要计划,都要请教"刘神仙"。像"刘神仙"这种怪人,在旧日中国实在到处都有。我到过长沙、广州、太原等地,看到当年的何键、陈济棠、阎锡山,其实他们的幕中,都有类似或近似的神秘人物,被视为运筹帷幄的人物。

季鸾先生在渝盘桓的个把月里,广交各方朋友,不知着了什么"魔",也对"刘神仙"发生了兴趣,甚至像是产生了迷信。不仅自己的初期肺病,相信"刘神仙"给他治疗,以后还见人就揄扬"刘神仙"。西安事变后,还曾向蒋介石推荐"刘神仙"去医治在华清池扭跌所受的腰伤。这是后话。总之,他那次在渝的小游,精神上得到了充分的休息。

在张先生入川大约一个半月以后,他忽又坐船回汉;真是去也匆匆,来也匆匆。我在码头见到他时,他只笑:"胡先生连电催促,使我不得不提前赶回去。大约有什么重要的事情要等我回去商量吧。"对于在川和康心之商谈的经过,他一个字也没有提,依旧和他的亲戚——可能是表侄辈叙谈家乡情况，依旧下榻在太平洋大旅社内——那个时候旅馆，尤其是大旅店都竭力招徕顾客，房间根本不需要预订。他在汉小留了三天，又匆匆乘平汉车回京——那时火车票，特别是头二等车票，也根本不要预订，想哪天动身，坐哪班车，只需清楚开车的时间。

原来，在张先生拂袖而去的近两个月中，吴达诠、胡政之二先生对报馆前途，已做了重要改变的决定。《大公报》离不开张先生这支笔，这是重要原因之一，再四思维，还以之迁就为好。更重要的是客观情况有了改变，那年6月，北平军分会的何应钦，与日方代表梅津美治郎交涉的结果，被迫接受了日方的条件，是谓《何梅协定》，规定"中央军"及一切"抗日势力"都要撤离华北，华北将进一步"特殊化"，以宋哲元为首的华北特殊组织成立。日军的铁蹄，已踩临华北人民的头上，要在天津租界里苟安，维持一张所谓独立的民间报，其势已不可能。他们相互品味季鸾先生的意见，认为有远识，决定立即做迁沪准备，电嘱驻沪办事处主任李子宽兄立即寻觅适当的房子，并和各方接洽，以便及早成立上海版。天津版则仍照常出版，尽可能多维持些时候，以便在经济上多支援沪馆。这样，"三巨头"之间的矛盾，从根本上消失了，三人的意见统一了。

决策改变的另一个原因，是那时蒋介石决定自己"组阁"——任行政院长，而极意网罗党外的贤达，如过去曾以

"现代评论派"闻名的王世杰、何廉等学者,如上海财阀张嘉璈(公权)等,组织所谓"人才内阁",吴鼎昌也在被网罗之列,预定任实业部部长。这样,他便结束了大约有七八年的"在野之身",而"东山再起"。他和南方国民政府的利害已一致,报馆搬到上海去办,更没有顾虑的必要了。所以迁沪之议,得以急转直下。他和胡政之还商定,他一旦从政,立即在报上刊出启事,声明本人即日辞去《大公报》社长的职务,以维护《大公报》复刊时曾公开声明的"不党、不卖、不私、不盲"的"四不"主义和《大公报》职员一律不从政、不兼任有给职的原则。所以,这一百八十度大转变,实际已在张先生赶返天津前就决定了。他返津后,与吴、胡两位密商细节,当然,很快就得出共同一致的决定。大约在两个月后,约1935年9月,我即接到政之先生的通知,要我立即结束在汉的工作,办事处和总分馆都移交给前来接手的汪松年兄,胡先生希望我立即到上海,参加沪馆的筹备工作。

那时,我妻正怀着孕,第二个孩子——在汉四年已有一女夭折,一子不育——即将在那年11月出生,我复信胡先生,决心俟我妻满月后,将家暂寄保定我父母家,而只身奔赴上海,争取在年底(旧历)以前赶到上海报到。

这边的问题解决了,那边呢?从赞同季鸾先生开创《国民公报》的计划后,康心之先生说到做到,马上划出专款,划定地皮——美丰银行早就"收"进了的,并且找专家设计,开始了报社的建筑。这一切,季鸾先生在离渝就亲眼看到的。他必须立即函告康心之。怎样回答呢?大意是:因为情况发生了变化,其势无法履行诺言,抽身来渝,请老朋友原谅。至于《国民公报》总编辑一席,他推荐《大公报》的老同事杜协民去担任,必能胜任云云,还说了些抱歉、原谅的话。康心之接信后,知道原计划已落空,认为他手中抓一个报馆也合意,为老朋友浪掷了五万元,也不伤大的元气,好在季鸾已荐贤自代,想来是不错,他把原建筑计划降低一些规格,照旧进行了。

杜协民兄是《大公报》复刊后即参加的元老,是天津南开大学第一届毕业生,是何廉的得意门生。他来《大公报》后,即编辑教育新闻和经济新闻两版,我在1927年在北京国闻通讯社当记者后,就与他打交道。那时我主要跑体育新闻。1929年调天津工作后,就是接协民兄的班,接编教育体育和经济新闻。他呢,调到经理部当会计主任。顺便提一下,《大公报》当时已形成了一套不成文的规章制度,对一般职工,只要能尽职而又忠于职守,一般给以长期雇用的保证,而且循例有年终"奖金",按部就班,每年择优升级或加薪,特别是编辑已升到编要闻版或驻外特派记者,经理部调入会计科工作的人,更加不会轻易解雇。因为胡、张两位,自以为有一套独特的机要,而这些位置的人员,了解这些"机密",所以决不轻易放出去,"扩散"给别的新闻单位。以后上海版停刊时,曾不分青红皂白,把职员基本上一律解雇,那是抗战时的非常举措,后来,《大公报》香港版创刊,又尽先把这两部分的人"回收"了。

所以,那次调杜协民兄去长会计科,他并不感到委屈,愉快地去接任了。协民兄做事勤勤恳恳,兢兢业业,守成有余,开创局面的魄识却不足。这次季鸾先生介绍他去重庆,当然说了许多鼓励的话,还答应以后将给该报多方支持。去当总编辑,总是一个特殊的升格;更吸引他的,协民兄是贵州人,他去重庆工作,离家乡近了,也是一个有利条件。

《国民公报》也于翌年(1936)创刊。季鸾先生不去,名角不登台,没什么可号召的,所以创刊后即平平淡淡,赖银行界的广告多,得以维持。"八一三"抗战爆发,在抗战八年中,重庆名为陪都,有八到十张大报,《国民公报》态度中间偏右,发行数大约也不在最末的一二名之列。

我和《国民公报》也曾有过一段因缘。1938年1月,我被《大公报》解雇,第一次尝到失业的痛苦,领到三个月的解散费,而一家七口(我那时已有两个儿子,又需赡养父母及一个弱妹),生活负担不轻,正在彷徨忧急的时候,协民兄来函,约我担任《国民公报》驻沪记者,月薪虽仅四十元,但雪中送炭,多少给生活一些补贴。过了不到一个月,《文汇报》开办,约我撰写社论,每月有一百二十元收入。又过了一月,正式加入《文汇报》,主持编辑部,后来工作实在忙不开手,只能把《国民公报》的事辞去了。

我1942年由桂林首次访问重庆,曾去《国民公报》社访问,那时协民兄工作已井井有条,还是那么终日笑嘻嘻的。我看该报的馆址,比重庆《大公报》还阔绰些,设备也颇为周全,不似《大公报》的一副"抗战相"。

我去拜访的那天,适逢有一来客,是刚被蒋先生免职的陈德征先生。他经此打击,万念俱灰,自己决定去他同乡的铺子担任会计,以维持生活云。这位在1927年上海初光复时炙手可热的人物,落得如此下场,真可慨叹。他原任上海《民国日报》社社长,国民革命后,兼任市党部党务委员,什么局长、主任一大堆职责,真是红得发紫,集党政军于一身的方面大员,只是因一件小事不慎,《民国日报》举行"民意选举",揭晓时,赫然把陈德征列为得票最多的"当代伟人",其次,才是蒋中正。只因这一忘乎所以的举动,被恨之入骨,有命令"着各机关永不录用",可见这人倒霉植根之深。

1944年湘桂溃退,我逃难第二次到重庆,则闻协民兄升任新成立的贵州省参议会的秘书长,他已到家乡去任职了。

沪版创刊

1936年的新年,我是在保定度过的。大约在1月上旬,我就拜别了父母,暂离妻儿——第二个儿子刚满月,首途赴沪。当天到了北平,寄住在王府井大街口的长安饭店,为的是这饭店较清静,又靠近南河沿的《大公报》驻平办事处。据驻平记者杨士绰君告诉我,这一阵北平的官场,正忙着为市长萧振瀛办四十"大寿",从《塘沽协定》《何梅协定》签订后,萧是冀察政委会与日方间出卖风云雷雨的显赫人物。他从天津市长调平不久,正值四十初度,声言要热热闹闹做个寿。于是,市府执事以及那些善观风色的趋奉者,早在过半月前就忙开。据士绰说,收下的贵重礼品已如山积不必说,安排举行的堂会,戏目已准备进行三天三夜,全是点演名角最拿手的戏。"您对京戏很有兴趣,何不随便去送个礼,吃他三天,看他三天戏?"我笑笑说:"我没有这个胃口。"在平只留了两天,就乘平沪通车到了上海。

以李子宽为骨干的筹备处,已在爱多亚路(今延安东路)—山东路以西租好一幢坐北朝南的三层楼房子,作为馆址,计楼下有三开间铺面,二、三楼各有五开间。四马路近福建路口,另租有一楼一底,作为《大公报》上海代办部之用。现已准备装修改为经理部营业所,主要对外经营广告、发行业务。另外,在霞飞路(今淮海中路)、亚尔培路(今陕西南路)口弄堂里,租好一幢颇为宽敞的三层楼房子,作为张、胡两先生及我和张琴南、许君远兄等高级职员寄宿之所。这一带,现在高级食品店等林立,成为淮海路上最繁华的地段之一。在那时,却是闹中取静,市房零零落落,绝少闹市的烦嚣。我们借租的里弄里,有好几幢整幢的房子门上还贴着"召租"的条子。

记算起来,我已是第四次来到这十里洋场了(第一次是1926年来投考大学,时清华假南洋大学招考南方学生;第二次1930年,我奉《大公报》派往广州采访,路过上海;第三次则在1934年,我偕妻由汉口出发,春游上海、杭州、苏州等地)。但对这东方第一大城市还是陌生的,对电车、公共汽车路线不熟,上海话也学不像。从陕西路到爱多亚路—山东路有二路电车可达附近,我因为不熟悉,第一天去报馆时,叫了一辆黄包车,说"去爱多亚路石路口",讲好了价钱,车子到蒲山路口就停下了,我下车四顾茫然,显然是车子欺我是"乡下人",玩的花样,我只好步行向东,一路问信,到了报社。

张琴南、许君远两兄，原是北京《晨报》陈博生所培养的骨干编辑，1928年《晨报》宣布自动停刊后，即转入天津《庸报》工作。这次来《大公报》沪馆工作，是张、胡两先生"重金礼聘"来的，他们都是北方人，同在北大毕业，到上海来是第一次，一时难以适应，闹些笑话，更是题中应有之义了。

张、胡两先生的家眷都还留在天津，他们分住在陕西路宿舍三楼两间房间中。他们意识到上海这一仗将是前所未遇的硬仗，码头是新的，面向的竞争对手，全是势力雄厚的"地头蛇"，要在这里立住脚跟，免于被吞食，是困难的斗争。张、胡两先生准备亲临前线，再一次下了决心："只许成功，不能失败。"每天的筹备工作都很紧张。在第一次编辑会议上，张先生宣布张琴南兄为沪版编辑主任，我和许君远兄主编三、四版要闻，轮流值深夜班，从中央大学新毕业的章丹枫为国际版助编；各地新闻版主编是刚留日归国的老同事吴砚农同志；本市新闻由采访主任王文彬主编，他是民治新专毕业，是季鸾先生的陕西老乡。体育新闻则由天津大老严范孙先生（张伯苓先生最初即在他家主持家塾）的孙儿严仁颖（南开有名的"海怪"）主编。副刊《小公园》由许君远兼编。《文艺》周刊则仍由天津来的萧乾兄主编。总的布局，可以看出《大公报》准备把重心移来上海，天津只留许萱伯、曹谷冰、王芸生几位守驻旧垒，一俟沪馆立足已定而北方局面继续恶化，则准备随时撤出，所以，连附属经营的《国闻周报》也搬来上海出版了。

张、胡两位的对外应付工作也很繁重，上海是有名的"夷场"，首先要应付好帝国主义势力，《大公报》馆址在爱多亚路，属于法租界的一侧，要向法公董局登记。为了搞好和法公董局的关系，他们认识的法公董局公董、哈瓦斯社上海分社中文部主任张骥先，原是他们的老朋友（北洋时代，曾任昆明交涉员），通过他的关系，法租界的门路就走通了。同一个居间人，张骥先还兼做杜"公馆"的法文秘书，凡杜月笙和法国人有什么文件往来，都由他经理；可以说他是杜"府"的清客之一；这样《大公报》在帮会势力下的障碍也消除了。

紧张的筹备工作，总算过去了。报馆后门是大同坊，其对面有两幢里弄房子，全租下了，一幢改为机器房（印刷机装在正房地层的一幢）及工友宿舍，另一幢为职员宿舍，我和琴南、君远等需熬夜的人，已由陕西南路搬到这儿住下。

编辑部在二楼一大间，约有五十平方米，比天津四面钟时宽绰多矣；其旁有小房两间，里一间即为总编辑室，可容一书桌数椅，外一间存放编辑部急需参考的图书、地图等（另有资料室则在三楼）。

记得沪版创刊那天晚上，季鸾先生九时前就部署好了工作，进总编辑室去写社评，约至十时许，即把社评写好，拿

出来与政之先生商量,题为《今后之大公报》。开头即说:

　　本报以前清光绪二十八年创刊于天津,民国十五年由新记公司同人接办,迄今又十年,幸经全国各界之同情赞助,得植其事业基础。更自本年四月一日即今日起,于上海天津两地同时刊行,谨乘此机会缕述本报今后经营之旨趣,以奉告全国爱读诸君,而乞其鞭策与呵护焉。

　　吾人所首愿诉诸全国各界并信为各界诸君所同感者,在国难现阶段之中国,一切私人事业原不能期待永久之规划,即规划矣,亦不能保障其实行。倘成覆巢,安求完卵?借口避地经营,实际又何所择。是以首愿我爱读诸君谅解者,此次本报津沪两地同刊之计划,既非护张事业,亦非避北就南,徒迫于时势迫切之需要,欲更沟通南北新闻,便利全国读者,而姑为此非常之一试是也。

　　本报同人认识祖国目前之危机异常重大,忧伤在抱,刻不容纾。回忆十年来服务天津,多经事变,当年中原重镇,今日国防边疆,长城在望,而形势全非;渤海无波,而陆沉是惧。尤自去夏以来,国权暧昧,人心忧惧,盖大河以北四千年来吾祖先发扬文明长养子孙之地,今又成岌岌不可终日之势。

国难演进至此，又非仅肢体之毁残，而竟成腹心之破坏，此而放任焉，中国之生存已矣！本报同人自惭谫陋，徒切悲悚，惟于萦心焦虑之余，以为挽回危局之道，仍在吾全国各界之智慧与决心。因而痛感负有沟通国民思想感情责任之言论界此时更须善尽其使命。同人等因愿自沪津两地发行之日起，更随全国同业之后，本下列诸义以与国民相见。其一：本报将继续贯彻十年前在津续刊时声明之主旨，使其事业永为中国公民之独立言论机关，忠于民国，尽其职分。同人尊重中华民国开国者孙中山先生之教训，而不隶籍政党，除服从法律外，精神上不受任何拘束，本报经济独立，专赖合法营业之收入，不接受政府官厅或任何私人之津贴补助。同人等亦不兼任政治上有给之职，本报言论记载不作交易，亦不挟成见，在法令所许范围，力求公正。苟有错误，愿随时纠正之。以上为本报自立之本。

以下还畅纾了对内对外之基本方针与立场。总的来说，全文词义严正，再一次说明《大公报》"不党、不卖、不私、不盲"的宗旨，而恳切说明在上海出版，既非扩张，"抢地盘"，也不是单纯的迁地为良，徒以北方情势所迫，要伸张不受拘束之言论，不能不"沪津两地出版"。社评处处以感情扣动广大读者的心弦,而广求同情,其警句如"长城在望,而形势全非;渤海无波,而陆沉是惧",多是催人落泪的精心之笔。

出版的第二日,紧接着又发表社评:《改善取缔新闻之建议》,对国民党政府新闻检查制度,深表不满。大意说:

> 去年以来(编者按:当指1935年《何梅协定》以来),凡论救国方略者,莫不以民族团结为第一义。顾团结何自成乎?假令一般知识界人欲言者不得言,欲知者不得知,其感想如何,恐去团结之阶段远矣。夫团结云者,全国有知识人有共同之事实的认识,而为同一的感情所鼓荡,遂自发的集于救国的大纛之下,拥护政府,共同迈进之谓也。此所谓同一的认识与感情,在国难现阶段中,本极易得之。国势如此,认识何难,人同此心,不需鼓荡。故去夏以来之严重局面,本为促成全国团结之最好机会也。虽然有问题焉,盖一般所认识者,徒为事实之大概,而不得其详。当局者知详筹之审矣,而势不能家喻户晓之。况攸关国命,责重而艰……吾人持此见解,本抱乐观,惟最近则颇怀忧虑,并认为其关键之一即言论自由问题。吾人厕身报界,深知当此国家紧急时期,政府对于取缔言论记载,有

其不得已及必要之理由,其所愿者,取缔应只限于最重大之事项,关于此点,中央本定有原则,即外交、军事、财政之机密,不得记载,危害国家利益之言论,不得刊行,此当然之义,全国都应遵守者。然所虑者,各地取缔之方法或有超过此根本原则之时,譬如各界讨论国事之文字,若其本质上非反动宣传,则虽意见与政府出入,利在许其自由发表。人民有拥护政府之责,同时亦具有批评政府一部分政策,或攻击官吏一部分行动之权,倘不尊重此权,则无所谓团结之可论矣。

……

报纸地位宜为一切人之喉舌,官民各方,孰有冤抑,皆得自由发表于报纸,能如此,则人心翕然矣,此诚易如反掌者也……

这问题,是当时极尖锐的问题,他敢于"碰",并曲曲道出极严正的道理,极为读者所同情。

总之,这"开锣"三天,季鸾先生都唱出曲调悠扬、韵味十足的拿手戏。我们这些配角,也极力在新闻报道、编辑及副刊上做到报纸内容极其丰满。我们以为"一炮"必能"打响",创刊三天中,各个报摊只闻增报,并无积存,我们以为是开门大吉了。哪里知道,读者纷纷打来电话,说根本看不到《大公报》，经了解，原来是三天的报，都被《申报》《新闻报》两报全部"收"去了，你出多少他收多少，反正一张都不让在报摊与读者见面。这好比名角登场，池子里全是空座，票子全给有力者"收"去了，请问这戏如何唱下去？这一着的确很毒，于是，胡先生求救于张骥先，请杜月笙出面斡旋，果然，杜请了一席酒，几张大报的当事人不得不出面，杜轻轻地说了几句话："《大公报》已在上海出版了，有不周之处，请各位多多帮忙。"他一出场，一天风云就吹散了，《大公报》从此在报摊与读者见面，发行每天上涨，到1936年下半年，发行已超过五万份——不要以目前国内大报动辄几百万份来小看解放前的报纸，在1949年以前，全国发行量最高纪录，为《新闻报》的十六万份，说是请徐永祚会计师现场查对过的。当时，全国报纸能销一万份的即称为受读者欢迎，销五万份，是屈指可数的全国畅销报了。

跟着发行的激增，登广告的也日益踊跃，不得不将报纸扩充为三大张，到了是年底，由于广告科的坚决建议，又增加了本市增刊，每日一大张，只限本市订户——《申报》《新闻报》本市增刊每日出至四五大张，全都登载仅涉及本市消费的广告，如汽车特刊、外国新产品特刊等等。也有两个副刊，一个叫《大公俱乐部》，请冯叔鸾主编；另一为《影剧》副页，由影星唐纳主编。冯叔鸾笔名马二先生，在十里洋场的旧文坛相当有名,那时已年近花甲,两鬓如霜,却不减其风流韵事。有一位年近三十的少女,经常来报馆和他厮混(本市副刊稿经常在早一天上午发排),记得名叫什么田心,听说曾在先施乐园的话剧团登过台。马二先生经常撰写剧评,或组织剧场消息等稿,他有时仍署名马二,有时署为楼桑村人。他是河北省涿县楼桑村人,自称是刘皇叔的同乡云。唐纳兄青年风流蕴藉,为电影名小生兼从事笔墨,那时他甫与二流明星蓝苹闹婚姻悲喜剧,蓝正从济南归来不久,与唐纳尚在藕断丝连中,有时我到报馆早一些,还看到唐纳正忙于发稿或拼版。

到了1936年下半年,《大公报》上海馆算是站稳了,我和琴南、君远都接家眷来上海,在法租界法国花园附近租借了房子,不用说,陕西南路里弄内的宿舍已退租。胡先生租住辣斐德路辣斐坊里,是一幢假三层的西式房子。张先生不仅搬来家,而且一下赁了三处公馆,王夫人住今重庆路复兴中路口的一幢独立洋房。另外有两个公馆,一住陈氏夫人,另为到沪属下某"老上海"所玉成者,可见那时报馆几位先生物质生活和精神状态之一斑矣。记得那年秋季季鸾先生五十初度之日,开某饭馆大张寿筵,三位夫人都佩花做主人,来贺的南京及上海贺客不虑几百人。于右任先生赠有寿诗,内有"榆林张季子,五十更风流"之句,盖纪实也。

《大公报》资金,已由开办时的五万金累积至约二百万元,十年中,增值近四十倍,可见那时期积聚之快。《大公报》不同于一般纯以赢利为目的之报纸,是相应地注意职工生活,编辑一般月薪为百元左右,如工作无失误,可按年加薪,我1927年月薪才三十元,至1938年已增至一百七十元,十年中亦增五倍有余。从1934年起,定有职工补助金,除每年年终可多得一至二月年终奖以外,凡父母整寿或丧亡,本人整寿、婚嫁或子女婚嫁,均由报社致送相当于某人工资两个月的赠金,其中一个月讲明为代同人致礼,免彼此酬酢增加负担。一般月入几十元之职工,得此赠金,办婚丧"红白大事",勉可敷衍,可不必负债,如张、胡两先生月薪为四五百元(那时已不另由四行储蓄会项下付给),则遇有寿庆大事,可得近千元,寿礼可办得相当阔绰了。

大约在1937年上半年的某一天,我正在报馆伏案编《国闻周报》"一周大事述评"稿,李子宽兄走来招呼说:"胡先生请你下楼,一起出去看看地皮。"原来,报馆以租屋终非久计,已初步看定爱多亚路福建路口迤西的一块地皮,并和地产占有人初步做了转让的试谈。我和子宽兄陪胡先生再往踏看,我看这块地有一亩,邻近西新桥,在爱多亚路坐南朝北,地段是很合适的——接近报业集中的望平街。我说:"要从长远计算,可叫人设计建造有五六层楼的建筑作为馆址。"政之先生笑笑说:"我也是这个打算。"

想不到就在三四个月以后,上海爆发了"八一三"战争,掀开了全国长达八年的抗战。这个打算,成了永不能实现的美梦。《大公报》流亡到汉口、重庆、香港、桂林去出版,而终《大公报》的一生,一直是租赁馆址的,无寸屋尺地的建筑,这也是始料所不及的吧。

西安事变

从 1936 年 4 月 1 日创刊到翌年"八一三"战事爆发，《大公报》只过了十六个多月的苟安生活。这期间，季鸾先生强为欢笑，过了一个五十大寿，很热闹一番。更喜他新娶的两位夫人，都已怀了孕，他中年无子，一直像对先人欠了一笔债。这一下，张氏可望有后，他怀着美好的希望。除此以外，这期发生最大最突然的新闻，是西安事变。记得 12 月 13 日那天晚上，我为了发《国闻周报》稿子，提早到编辑部，看张先生已坐在中间座位上，他如此早到编辑部，这是从来没有的，即创刊之初也没有那么紧张，而且时而抓抓头皮，时而站起来不断来回走动，像有满腹的心事。等他又坐下时，我轻轻问："张先生是否有什么事？大概晚饭还没有吃过吧？"他也轻轻叹口气说："你大概还不知道，有消息说，蒋先生在西安被扣留了。"我也吃惊地说："他不是在临潼吗，有什么人会扣留他？"他说："详情还不知道，未经证实的消息说，张学良、杨虎城昨晚发动兵谏，要蒋先生答应与共产党联合一致抗日,我是准备庄严地说几句话,千万勿破坏团结,贻人以口实,让敌人乘虚大举入侵,各个击破。"那时,编辑同仁陆续来到,季鸾先生就踱到他那小房去,下笔写当天的社评了,还不时出来,看有没有外国通讯社续到的新闻。这一天,他到深晚才叫工友到外面买一碗面充饥。

这篇社评,标题就有兀然:《西安事迹之善后》。事变刚发生,就提出"善后",这表明他对这事件不想谴责或痛快愤怒地责骂一番,而是气急败坏地说:"十二日西安发生大事变,而电讯不通,莫知详况。各界惊忧,达于极点。兹抒所怀,幸全国爱国人士留意焉。"他接着开宗明义地指出:"解决时局,避免分崩,以恢复蒋委员长自由为第一义。陕事主动者倘拒绝此意,使政府领袖不能行使职权,甚或加以不测之危害,是则须负甘心祸国之完全责任。不论其所持理由如何,凡中国良知纯洁之国民应一致反对之。"接着又说:"夫国家必须统一,统一必须领袖,而中国今日统一之底定及领袖之形成岂易事哉!十年来国家以无量牺牲,无量代价,仅换得此局面,倘再逆退,将至自亡。艰难困苦之中国,今才见彼岸,而又遭逆风之打击,主其事者,抚躬深省,果为何来乎?故吾人以为公私各方应迅速努力于恢复蒋委员长之自由,倘其有济,则劝政府必须宽大处理,一概不咎,国家问题,从长计议。……"可见,以后支配他一切言论的"国家中心说",已经在他思想里形成。至于他所主张的一切以救蒋为第一义,其他,则建议"政府宽大处理,一概不咎",而当时接近官方各报,则一片辱骂声,主张讨伐声。以何应钦氏为首的南京国民党政府,也没有冷静考虑此事变之利害,下令对张、杨进行讨伐,并令洛阳、陕县、灵宝的驻军,动员向西安开拔,准备大举挞伐。

季鸾先生接着在翌日写了第二篇社评《再论西安事变》,详细分析国家所处地位与形势,劝西安当局早日"回头"。他最后沉痛地说:"夫毕竟愿做破碎之西班牙,自残以尽,抑欲保持完整之中国,自力更生,公意俱在,不问可知。"

他说:"陕变不是一个人的事,张学良也是主动,也是被动。"可见他对事变的内幕,是了然于胸的。他和宋子文、宋美龄兄妹,平时好像没有多少来往。此时,大概宋氏兄妹很同意他的看法,主张"救人"为第一,不主张讨伐,至各走极端。他在18日继续写一篇社评,题为《给西安军界的公开信》,显然是事前与宋氏兄妹商定的。社评中写明:"我盼望飞机把我们这一封公开的信快带到西安,望西安大家看看,快快化乖戾之气而为祥和。"果然,刊载这篇社评的这张报,宋美龄夫人所主持的航空委员会,当天即派出飞机,带了这张报(而不是全份)四十万张,飞临西安上空散发。这也是我国自有新闻纸以来未见过的事。

在蒋被关禁西安的近两周的时间里,上海租界里的空气也很沉郁。小报上宣传虹口日军又蠢蠢欲动,而更多报纸则推测汪精卫正由法国乘轮赶回,想取蒋而代,乘机登台,组织亲日政府。12月25日傍晚,我正和几个朋友在南市一家酒楼聚饮。有一个思想素来激进的朋友说:"张学良、杨虎城把老蒋扣起来,实在痛快,想必正在进行公审。这个丧权辱国、只会压迫老百姓的独夫民贼,想必一定会被枪决的。"我说:"我们报社接到不少读者来信,却不这样看,深恐这样一来,会大乱,会分裂,给敌人以可乘之机。"我们的酒还没有喝完,只听鞭炮声由远及近,到处轰鸣着。我们忙吃完面,步出馆子,乘六路电车到租界上,爆竹声就更密了。我曾看见一个动人的场面,有些衣衫不周的人,自己花两角钱,买一小挂鞭炮,拎在手里放。这显然不是有组织的群众,或对时局特别感兴趣的人。我对那位朋友说:"你看见了,小民的反应就是这样。你老兄对时局看得远,无奈一般群众跟不上去。"他苦笑说:"此之谓群盲,迟早他们会觉悟上当受骗的。"我没有和他争辩,看手表,已经八点多钟,想必今晚张、胡两位上班早,会有些版面上的安排要早做准备,于是就和几位老同学告别,急忙赶往报馆。

那一晚,张先生特别兴奋,露出了多天不见的笑容,还跟我们谈起,张学良亲自送蒋先生回京,已经到了洛阳,准备休息一下再飞京。当晚,季鸾先生写的社评是《国民良知的大胜利》。开头就说:

昨晚从六时半以后,全国各大小都市欢声雷动,爆竹齐鸣,实现了狂欢之夜。昨天又恰是云南起义再造共和的纪念日,我们与国民同庆之余,愿先简单地贡献几句祝词。

　　西安事变发生,我们于忧虑、愤慨中实在抱着一种信念,以为一定能达到逢凶化吉。我们十八日给西安军人的公开信中,说明期待三天以内能给全国同胞道喜。现在,虽然时期迟了三天,但果然能达到给全国报喜的愿望。我们的欣喜不问可知了。

　以下,说了几点对时局乐观的看法,从字里行间,可以看出他是如何兴高采烈。

　蒋在洛阳休息的两天里,发表了一篇《对张、杨两将军的训辞》,稍知西安事变内情的人,一看就明白这是事后的杜撰。接着,他们一行飞回南京,蒋入中央医院休息。

　事变中,只有立法院副院长兼代院长邵元冲在被关禁中(同押的有蒋鼎文、蒋百里、邵力子等)企图越墙逃走,被卫兵开枪击中而死。这是事变中唯一重大的牺牲。

　蒋进医院后,文武百官自然都去慰问。听说《中央日报》总编辑程沧波曾碰了一个软钉子。他照例致慰后,蒋冷冷地回答了一句:"我活着回来了,没有死!"说得程面红耳赤,惶然而退。原来,在蒋被囚期间,《中央日报》曾义正词严,连篇累牍发表社论,主张对叛乱者应严加讨伐,并赞成派飞机到西安轰炸云云。季鸾先生也到南京去慰问,经此一番,蒋对他自然更加尊重。听说他曾当面推荐刘湘幕下的"刘神仙"可以治腰伤。蒋谢张的关心,和张敷衍一阵,事后并没有真去请那位"神仙"。

过了不久,南京来电忽传张学良将军已被扣押,关在陆军监狱里,并传将组织军事特别法庭予以审讯。我初听到这消息很惊骇,以为天下不会有这样翻脸不认人的事,好比京戏里的"天霸拜山",窦尔敦讲义气送天霸下山,结果反被黄天霸扣留了,天下哪有这个理?大概也像杜撰对张、杨二将军的"训辞"一样,只是做给外人看看,以维一国之尊的威信而已。没有想到这"假戏"一直真做下去,先是派鹿锺麟为特别法庭法官,经过两堂审判后,宣判说张劫持统帅,目无军纪,着交军事委员会委员长"严加管教"。而且以后先移押雪窦山,后移至江西赣州的阳明洞,以后转押湖南及贵州的息烽等地,到国民党在大陆土崩瓦解,还被移至台湾长期关在新竹附近,直至老先生逝世,"小蒋"经国先生继任,才让张将军在台湾境内恢复自由。计自1936年以来,至1979年恢复自由,已历四十三个寒暑,当年英俊的少帅,已变成耄耋的老翁。长期以来,赖练字帖、学明史、看古书以消磨几万个长日!最难得的,赵一荻夫人以知己密友,也主动投身囹圄，患难相从，甘愿牺牲青春乃至宝贵的一生，历四十余年不改。在我国历史上，也是极难能可贵的"牢狱鸳鸯"。赵四小姐的尊人赵荣华，曾当过津浦铁路局局长，与叶恭绰（誉虎）及我的小同乡任振采（凤苞）并为梁士诒所组织的交通系下的龙、凤、虎三大将。本是名门闺秀，甘愿牺牲此一切（赵荣华先生为一获与汉卿订交，曾登报声明脱离父女关系），迄老而不悔。1980年我赴港小住三月，看到汉卿先生偕赵夫人的玉照，一获夫人年近七旬，尚丰容盛鬋，仪态俨然。最近，从台湾传来消息，她已得了不治之症，但愿这是谣传，希望她健康长寿，终有一天会和大陆的亲友团聚。

再说季鸾先生从西安事变告一段落后，即向报馆请假赴北平、西安、武汉、南京兜了一大圈，每到一地，总要停留三五天。为了什么呢？就只为了听听友好对他文章（《大公报》西安事变时的社评）的夸赞。中国知识分子要逃过金钱、地位、名誉这三关已不大容易了，最后，"天下文章自己的好"这一关，看来是不易摆脱的。当然，季鸾先生的文章是写得好，灵活剔透，正如梁任公说的"笔锋常带感情"，即最能感染读者的心，而又开创出新闻评论的新路子，评论中透露新闻，新闻中带有议论，实为当时少见的巨匠。

在《大公报》沪版出版到"八一三"那年12月初自动

停刊那十六个月中，还有一件大事应该一记，即一代文豪鲁迅先生的逝世。那天我下午三时去报社看报，得知这噩耗，十分悲痛，连忙搜集一些材料和图片，以便晚上安排这一新闻。到发稿时，刚和琴南兄对调由津馆来的那位编辑主任，写了一则短评，先交译电的发到津馆，以便两馆同时刊出。我把这电稿一看，文中带些讽刺，说鲁迅文每带些尖酸刻薄的用语。我对这位作者说："这样措辞，有些不妥吧。"他笑笑说："不要紧，我们该发表不同的观点。"第二天下午我到报馆，则抗议叫骂的电话，已一个个打来。听津馆来电说，北平、天津读者更气愤填膺，抗议的电讯，如雪片飞来。以后几天，津沪两馆继续收到读者的抗议信。那几天，季鸾先生正赴南京去了。据萧乾兄回忆，他为此事曾气愤得向胡老板提出辞呈。胡竭力挽留，并说：这短评"决不代表我们的意思，决设法消除其影响"。萧乾也清楚这短评是谁写的。去年，新加坡某华文报登一署名文章，追叙这一段历史，说按年月，这一短评可能是徐铸成执笔的，萧乾兄看到此文后，忙写信告诉我，赶快去信更正。

我想顺便谈一下《大公报》评论执笔人的历史演变。从1926年初复刊起的几年中，《大公报》社评要求很严，只限于张、吴、胡三位轮流执笔。到1935年左右，才由杨历樵兄写些纯国际方面内容的社评。1936年沪津两馆同时出版，除重要社论仍由张、胡两先生撰写的，有些地方性问题，上海馆约馆外朋友供稿。我所知的有职教社的潘仰尧等。写这类社评时，津馆即事先得通知，当时写社评填补，大约总是这位先生撰写。后来，张、胡两先生认为张琴南兄编的题目、版面太"花哨"，而上海是重心所在，因此把琴南调津，把这位先生调来了。

我正式写社论，始于1938年1月在《文汇报》创刊后，"自己找舞台当主角"的，想不到蒙政之先生青睐，加以密切查究。先是叫李子宽向杨历樵兄试探（历樵应我的请求，分我每月十篇），《文汇报》的社论笔调很像是《大公报》的人写的，你知道是谁写的吗？"历樵很老实，喃喃地回答说："我不清楚。"胡先生乃亲自出马，派车子接我到他的府上，敷衍一阵后，单刀直入，说："我看《文汇报》的社论，很像是我们的人写的。"我不等他说完，立刻答复说："这是我给他们试写的，要想向胡先生讨教。"他说："写得很好，很有文采，就是锋芒太厉害些，怕出问题。"我说："已出问题了，上午该报已吃了敌伪的炸弹了。"一年半以后，《文汇报》被敌伪摧毁，胡先生催我再回《大公报》，做香港版的编辑主任。不仅自己写社评，别人写的——如杨历樵兄、如袁道冲老先生、如李纯青兄写的（那时甫由长江兄介绍入馆），都归我润色。渝馆的社评稿则统归王芸生兄润色。那时张、胡两公只主持大政，退归"二线"，抗战以后，执笔的人就多了。

所以，在1936年鲁迅逝世那年，我还轮不上执笔政之列。这篇短评，是另有人写的，我还提出过不同意见。

《文汇报》创刊于1938年1月28日，《大公报》则于一个多月以前就自动停刊了。此时胡先生怎么还滞留在孤岛上呢？原来，他的原配夫人早一年在津去世，[1]那时，一位善于先意承旨的部下，给他说合，对方是顾维钧先生的侄女顾俊琦夫人，刚在光华大学毕业。一经介绍，就情投意合。那时，他们已商定吉期，胡先生准备吉期一过，即偕新夫人双双赴港，筹备创刊《大公报》香港版。

听说在上海版自动休刊以前，经商之吴达诠先生，张、胡两先生各在公积金中支用一万元，办理私人未了事务。胡先生即以此款大部分办了喜事。季鸾先生呢？也有天大的喜事，原来陈氏夫人生了一个宁馨儿子，张先生老年得子，其喜可知，曾说是他生平三大喜事之一（另两件：一为民元任临时总统府秘书，一为1926年接办《大公报》）。他知道抗战期间不宜太过拖了，于是忍痛把1936年在上海结合的一位夫人"编遣"了，这一万元，其中一部分即用于"遣散"之用。那时他在汉口主持《大公报》汉口版，他的好友和国民党的权贵，听张先生老年得子，纷纷送礼庆贺，听说金

---

[1] 胡政之原配夫人文英于1936年4月病逝于天津。据《胡政之年表》，王瑾、胡玫编《胡政之文集》，天津人民出版社2007年4月第一版。（编者注）

锁、金钏、金链，就送了不少。季鸾先生将这些金器全部集中封存，说："抗战期间，前方将士为国洒热血牺牲，后方民众死于炮火或家破人亡者不知几万家，我张某不能为得一子而收此巨礼。"记得1939年香港各界举行国庆大献金时，张先生把这一大包金饰全部献出了，那是1939年的"双十节"。我那时已到香港了，记得那天我和他"共进晚餐"，吃毕同至报社，他看到本市新闻版正编好这消息，等我审查发下，他一眼看出这标题很啰唆，就提起笔来勾掉，另写了两行字："可歌可悲双十节，人山人海献金台"。真是信手拈来，把香港人的爱国热忱，会场的热烈情绪，全要言不烦地高度概括了，而且音调铿锵，朗朗上口，真是写标题的高手。

白圭之玷

张季鸾先生在20年代初叶,即已成为国内有名的新闻评论家。1924年,飘萍先生在他的《新闻学概论》中说:"《中华新报》为政学会之机关报,其执笔之张一苇君(即季鸾先生),头脑极为明晰,评论亦多中肯,勤勤恳恳,忠于其职,不失为贤明之记者,且自身殊少党派之偏见。唯该报营业方面,似未得法,故销数仍未大增。"

陈布雷那时在《商报》以"畏垒"的笔名每天撰写社论。他后来屡次谈及,他是季鸾的挚友,常在文章中竞胜,二人在上海报坛被称为一时瑜亮。我那时还在中学时代,学校不订此二报,每逢星期天,必至无锡城中公园对面的县立图书馆细读他们一周来的文章,觉得他们都能大胆执言,分析细致明快,而文笔之犀利,陈似略逊,有瑜亮之别。后来胡政之先生曾一再对我谈及:"张先生在《中华新报》主笔政时,文章也非常脍炙人口,外国记者每以其社论全文转发本国,但因经营者不善,报馆奄奄一息,终于倒闭。"他的弦外之音,是说明《大公报》所以能风行国内外,他自己的善于主持经营是主要因素之一。这也是有道理的。

前面已说过,季鸾先生生平写文不留底,总说报纸的文章是急就章,不值得留存。而胡政之先生在张死后亲自编选的《季鸾文存》,已把《大公报》复刊初期的社评全刊落了,显然是因其中有不少对"党国"不敬的文章。现在要实事求是地全面叙议季鸾先生的思想体系和发展过程,就很感困难。新华出版社出版的《新闻界人物》,第一册首载王韬、黄远生、邵飘萍、张季鸾事迹。对于张季鸾,引用了不少旧《大公报》的言论,这给我不少便利。著者显然是翻阅过包括早期的全部社评的,但在分析上有时似乎还失之片面。这也难怪,"小骂大帮忙"好像已成为概括张一生的定论。因此,往往把正面文章也从反面来看,以致失之公允。

张逝世时,中共中央的领导人毛泽东、陈绍禹、秦邦宪、吴玉章、林祖涵以参政员名义从延安发有唁电:"季鸾先生在历次参政会内,坚持团结抗战,功在国家,惊闻逝世,悼念同深。"周恩来、董必武、邓颖超也在重庆发有唁电:"季鸾先生文坛巨擘,报界宗师,谋国之忠,立言之达,尤为士林所矜式,不意积劳成疾,遽归道山;音响已沉,切劘不在。天才限于中寿,痛悼何堪!"

这确是历史主义知人论世的典型态度,虽曾"切劘",而不掩其对报界、对国家的功绩与一生。

我当年初读《大公报》社论时，真是如饥似渴。其特别精彩的文章，每反复回诵，细加"咀嚼"，迄今还留有最深刻印象的，为《悼丁佛言先生》那一篇。丁先生名世峄，为山东籍的旧国会议员，初隶梁启超为首的进步党，而不务党争，与国民党人携手向袁世凯及以后的北洋军阀斗争。黎元洪任总统时，发生府院（国务院）之争，国务院总理段祺瑞的秘书长徐树铮盛气凌人，每挟重要公文强迫黎签署，视同傀儡。丁时佐黎，与韩向宸（达哉）等四人共谋应付之策，被段系中人目为眼中钉，称为"公府四凶"。丁之出此，不是出于对黎个人，而是以军阀政府为目标。以后，国是日非，他即辞去国会议员，回黄县原籍闭门研究古文字学，于1929年12月贫病殁于北平。

季鸾先生沉痛写这篇悼文，其中有一段说：

> 呜呼，中国历代多奇才异行之人，其修养原则，先贵有守，有守而后能有为；然自现代功利之说盛，风气堕落，受高等教育者往往不知廉耻为何物，便佞模棱以游泳术从政者遍天下。故丁君之耿介，诚足为当世风……近年国内盛宣传廉洁政治，实则去万里遥。若丁君未尝自炫其廉洁，而一介不苟，行之甚安。自入政界，除薪俸外无所入；每月生活，数十元耳。此固士人之常行，而即在今日革命党治

下，亦属难能可贵。君近年来不口头谈革命，不作政治运动，惟其忧时愤世之心，实炽热如火。其于最近政治，以其心无所私，故对于一切进步之倾向，及有一长可取之人物，皆示以同情；而于凌乱污秽之现象，则疾之殊甚，君之毁损健康亦以从。呜呼，自国会末期，议员为世所诟病，政客之名词与军阀官僚同受厌恶。然其中实不乏坚贞卓荦之士，正不可一概论，丁君其尤者也。国会之亡，由于贿选。然如丁君者，于选举问题发生之前，早已决然辞职，非惟不贿选，且无暇参加反贿选。自此七八年中，惟于断碑残籍中求其文字学之出路，岂不远哉！而今天悄然离世矣。夫全国青年，积极方面，应各求能力之锻炼、事业之奋斗，不必法丁君。消极方面，而如丁君之气节襟度，诚足为一代之范。斯人不寿，不胜悼哉！

他从一个人写到当时政府风气之坏，如层层剥笋，最后暴露了当时"廉洁政治"之真相，借题发挥，即此可见他评论手法之高明。他也是用这个题目，表达他自己对现实政治的最低要求。

1929年夏，我还看到《京报》出的飘萍先生遇难三周年纪念特刊，封面有丁佛言先生题字，笔力遒劲、辞旨恳切，想不到才过数月，就委顿谢世！这也可见他"对于一切进步之倾向，及有一长可取之人物，皆示以同情"的品质是一贯的。季鸾先生对他的评议，毫无谀言。

报纸的评论，要针对当天发生的最重要时事，褒贬其曲直是非，使读者明确报社的立场、态度。也有当天并没有重要的国内外大事可评，季鸾先生每选一个"闲"题，取瑟而歌，以针砭当时的政风、习尚，《悼丁佛言先生》此文，可以看出他的功力和战斗艺术。

报纸文章无长久生命力，不宜保存，这是他对新闻评论的评价。但如此篇，情文并茂，字字经得起历史的推敲，传之百世，犹不失为论世之杰作。可见生命力之修短，传与不传，也未可一概而论。

除此文外，当时曾被读者众口称颂、赞不绝口的社评，有评蒋宋联姻之作，题为《蒋介石之人生观》，一开头就说："离妻再娶，弃妾新婚，皆社会所偶见，独蒋介石事，诟者最多，以其地位故也。"以下痛驳其再婚所持之理由，"然蒋氏犹不谨，前日特发表一文，一则谓深信人生若无美满姻缘，一切皆无意味，再则谓确信自今日结婚后，革命工作必有进步。反翘其浅陋无识之言以眩社会。吾人至此，为国民道德计，诚不能不加以相当的批评，俾天下青年知蒋氏人生观之谬误。"接着引申说，"然吾人万不能缄默者，则蒋氏谓有美满姻缘始能为革命工作。夫何谓革命？牺牲一己以救社会之谓也。命且不惜,何论妇人!……呜呼,尝忆蒋氏演说有云:'出兵以来,死伤者不下五万人。'为问蒋氏,此辈所谓武装同志,皆有美满婚姻乎?其有之耶,何以拆散其姻缘?其无之耶,岂不虚生此一世?累累河边之骨,凄凄梦里之人;兵士殉生,将帅谈爱,人生不平,至此极矣。呜呼!革命者,悲剧也,革命者之人生意义,即应在悲剧中求之。乃蒋介石者,以曾为南军(编者按:那时京津尚在北洋军阀统治之下)领袖之人,乃大发其欢乐社圣之教?夫以俗浅的眼光论,人生本为行乐,蒋氏为之,亦所不禁。然则埋头行乐己身,又何必哓哓于革命?夫云裳其衣,摩托其车,钻石其戒,珍珠其花,居则洋场华屋,行则西湖山水,良辰美景,赏心乐事,斯亦人生之大快,且为世俗所恒有。然奈何更发此堕落文明之陋论,并国民正当之人生观而欲淆惑之,此吾人批评之所以不得已也。不然,宁政府军队尚有数十万,国民党党员亦当有数十万,蒋氏能否一一为谋美满之姻缘,俾加紧所谓革命工作?而十数省战区人民,因兵匪战乱并黄面婆而不能保者,蒋氏又何以使其得有意义之人生!甚矣,不学无术之为害,吾人所为蒋氏惜也"。嬉笑怒骂,冷嘲热讽,可谓淋漓尽致。此为季鸾先生即兴信笔之作,当不费什么推敲斟酌,就功力论,我以为不及上述唁丁文也。

此外,如在宁汉分裂之际,他论汪精卫最大的缺点,为领袖欲太强,这也是鞭辟入里的"史论"。事后证明,汪以后游泳政海，与蒋或离或合，最后走上遗臭万年的汉奸道路，成为民族罪人，其症结之一，即在于此。

总之，从南京政府成立后，季鸾先生曾不断针对时政，发表有分量、有胆识的评论，为广大知识界及其他有识之士所击节称赏。旧《大公报》社评不久将影印缩影本，读者当可一一查阅。

值得一提的，是《大公报》对东北问题的重视。1929年发生"中东路问题"争端后，《大公报》即力主谈判解决，勿轻起战端，致为日阀所利用。以后果损兵折将，日阀乘机伺我，益无顾忌。当时，负责中俄交涉的为蔡运昇先生，为季鸾先生朋友，张即托其介绍，派曹谷冰兄为特派记者，历尽艰苦，于1931年春赴苏视察经年，寄回的通讯，季鸾先生细加润色，一一披露，后编次成单行本出版。当时，只有胡愈之、戈公振两先生敢于在反苏反共的白色恐怖下，将亲见亲闻，著书报道。

季鸾先生在曹文先后发表之际，写了一篇《读苏俄工业参观记感言》的社评，其中有："今观特派员屡次通讯，不得不承认苏联建设规模之大，及其进步之猛。即专论工业制造方面，如最近通讯所述乌克兰工业区情形，及今日所载大水电站情形，已足令人惊叹不置。或者曰：苏联特许外人参观者，皆其特可参观者也，此外别无所有。曰：纵如所言，苏联别无可观；而仅此可观者，已足为中国所深羡。夫俄为工业幼稚之国,其历史犹浅于日本,科学技术,去西欧尤甚。苏联现政府之可称道者,则在其有整个的远大之计划,自根本上建设起来。以时计之,革命以来,仅十余年,拼命建设,不过数年,而成绩彰著如此。"当时,反苏反共举世汹汹,他能如此大胆发言,可见他的胆识(发表在"九一八"事件后的第二年)。联系到他在列宁逝世时在《中华新报》写的悼文,以及抗战时力赞邵力子先生使苏,热盼加强中苏联交,应该说,他在爱国立场上主张联苏是一贯的。他和吴鼎昌在这个看法上有矛盾,吴那时写的《论苏联新经济政策》,显然是反苏的。甚至胡适之经苏返国时,发表观感,说了苏联几句好话,吴还写文讥刺他为换了"眼珠"。所以我上面说,他们三位合办《大公报》,在有些问题上是"同床异梦",不是"铁板一块"的,后世读者应细加区别。

再如,他在"四一二"反革命政变后,无法公开反对"清共",而不断撰文,反对屠杀青年,他立论是从民族利益出发的。我记得他曾一再沉痛地说:"青年血气方刚,不论其思想为左倾为右倾,凡能如其主张敢于冒险力行者,概属民族之精英,非投机取巧者可比,轻加杀戮,无异残害民族之精锐,将成为国家之罪人!"(大意如此)"九一八"后,这样的论调屡有发表,始终未变。

在"九一八"前的一两年中,我那时已在报馆当编辑,记得《大公报》曾连篇累牍撰写社评及专文（包括胡政之先生写的），唤起国人注意东北之危机，特别在"万宝山"事件及"中村"事件后，更严重警告政府，东北危机已迫在眉睫，应速筹应付之策。可以说，在全国各报中，对此呼吁最早、陈词最切的，是《大公报》。

记得"九一八"事变爆发之顷，张、胡两位先生召开了《大公报》"开天辟地从未举行过的"编辑会议。张先生严肃宣布，国家已面临紧要关头，"我和吴、胡两先生已商定，报纸今后更应负起郑重责任"。他宣布了两项决策：一为明耻，先要让人民从近代史上了解外侮之由来。宣布由汪松年负责编辑甲午前后以来的对日屈辱史，由王芸生兄协助搜集有关材料（即后来陆续发表并辑成的《六十年来中国与日本》，因汪无此能力，芸生才独力主之）。二为教战，阐明现代战争、武器之发展情况，具体措施，为此创刊一"军事周刊"，由当时最有名的军事家蒋百里先生（甫由蒋关禁之南京汤山释放）主编。可见，季鸾先生在"九一八"事变爆发之初，应付之方，已成竹在胸。

以后，蒋屡次"礼贤下士"，请季鸾先生入宁"共商国是"，张以国士报之，知无不言，遂被目为幕内之策士；至吴鼎昌到宁府做官，《大公报》出上海版（1936）后，更为频繁。沈衡山先生曾和我谈及，说左舜生（青年党党魁之一）曾对张有评议，说张深知蒋的为人和想法，在脑中将其推前一步，写为社评，蒋觉得很有道理，往往照此实行，《大公报》所以常得风气之先，蒋因而收"尊重舆论"之誉。沈先生并引述当时事例，说明张曾力主组织"国防最高会议"，团结各党各派。"七君子"被释放后，张曾居间调停，希望与蒋合作，共同抗日。

季鸾先生生平最为人所疵议的，有以下二事：一为西安事变之顷，张曾一再写社评，反对张、杨两将军此举，劝速释放蒋介石。二为皖南事变后，曾亲笔写一文（第一篇是王芸生写的），反责中共破坏抗战。事后他曾到港，亲口告诉我："那时芸生招架不住，我不得不力疾作此文以资应付。"

此外，据我所知，季鸾先生在抗战期间，主要倾向为联苏抗日，团结各党派，似无不利于国家之失误。如提倡组织参政会，如提出"民族至上，国家至上""抗战第一，胜利第一"之口号，也未可厚非。至其他言论，则从"九一八"以至易箦前的激昂陈词，力主抗战到底，也恪尽了报人应有之爱国职责。

所以，中共负责人的悼词中，尊称其为"文坛巨擘，报界宗师"，并肯定其"坚持团结抗战，功在国家"，"谋国之正，尤为士林所矜式"。

记得鲁迅在《关于太炎先生二三事》一文中曾说："既离民众，渐入颓唐，后来的参与投壶，接收馈赠，遂每为论者所不满,但这也不过白圭之玷,并非晚节不终。"

我对于季鸾先生也有此同感。

他后半生的袒蒋,既不为名,又不为利,至多出于"士为知己"的一念。后来报馆当局收受二十万美金的官价外汇,那时张先生已"墓木拱矣"。

"七君子"案

《大公报》决定于1936年春天出上海版,胡政之先生早日就写信给我:"望及早将武汉公私事项清了,拟借重新工作,盼于年底前到沪。沪上房子紧张,尊眷是否先送保定安置。"

我尽快做好如期报到的准备工作,一切硬行李都准备不带,留下交给接替我工作的汪松年兄;有一架刚时兴的收音机,是菲力浦牌的(当时无线电收音机刚流行),我很心爱,也狠心留下了,以便轻装简从,早日能到达上海。

这在《大公报》来说,是一个重大的决策,关系到张、胡两位之间曾经展开的难以调和的"结"。远在长城战役以后,日寇势力着着紧逼。真如学生们说的:"华北虽大,已不容安放一张书桌了!"季鸾先生即提出《大公报》应早日搬迁南下,否则,事事紧逼,虽有说话的余地,"悔之晚矣!"政之先生则从营业观点出发,认为离津迁沪,无异另起炉灶,谈何容易。且十里洋场一向是《申报》《新闻报》

等老报的基地,要在它们的势力区内觅一席之地,谈何容易。过去如于右任的"竖三民",近之如张自己的《中华新报》和陈布雷的《商报》,言论不谓不精辟,读者也多叫座,卒以营业不振而先后停歇。胡先生的顾虑,不能说全无理由。记得1934年初夏,张先生曾过汉赴川,在汉停留十余天,住在当时武汉最大的中式饭店——太平洋旅社里,还要我事先打听、约好几家他在鄂的亲戚及侄孙辈。他对我绝口不谈与胡先生有什么矛盾——这是他毕生的美德,从不在背后议论人,以自炫其正确。张与胡发生矛盾,愤而入川的经过,已详记于前。

他那次过汉,不会见任何方面人士,戒我勿轻于告人。他每天找几个亲侄孙和表亲——大概是他亡妹留下的一些遗孤,欢然畅谈。杨永泰、张群等所谓新政学系人士那时都在武汉,熊式辉、黄郛等人也都是他的老朋友,他都不让通知,有电话来问也说不知道。只有一次,他问到韩达哉(向辰)先生的近况如何?我说,他乡居学佛很认真,要不要通知他?他说:"不必了,以后见到代为问候。"

于此可见,他那时态度的消沉和爱国之心的炽烈。

他那次遍游重庆、成都,并遍访成都五老,暇时即与康心之先生谈到办新报事。康先生是张的通家挚友,那时已成为川帮银行家。他听了张的建议,立即拨出专款,觅定地址,请张先生创办新报。

前节说过，由于时局急转直下，如《何梅协定》签订，冀察政委会的筹组等外来因素的促成，吴鼎昌念三人过去创业的团结气氛，因而同意将津报暂维现状，另在上海创刊新版，希望张、胡全力以赴。

这样，从釜底抽薪，张、胡两先生的矛盾基本上得到解决。张闻讯即赶回天津筹备。四川的报怎么办呢？他荐编辑部一位老同事权为顶替。所以到了抗战时期，重庆变了陪都，《国民公报》也居于九大报之一，销数似乎比《时事新闻》等还略胜一筹啦！

我把家眷搬到保定，安顿好后，即别父母、离妻子，只身到了五方杂处的上海。时正隆冬，已租好霞飞路（今淮海中路）亚尔培路（今陕西南路）口一幢两开间房子作为我们的公寓。所谓我们，包括张、胡两先生，他们那时的确背城一战，全力以赴；还有张琴南、许君远兄和我。

那时，才有编辑主任的名义，任王芸生兄为津馆编辑主任，张琴南为沪馆编辑主任；张和许君远兄都是北京《晨报》出身（均北大毕业），后转至天津《庸报》。天津《庸报》易主，张、胡两先生才加以聘请入沪报，像戏院的重金礼聘一样。胡、张两先生家眷都留津，以示报办不成决不搬来。但天下事"有一利必有一弊"，因为失去"监督"，加上张先生正当"更风流"之年（于右任那年寿张先生诗，有"榆林张季子，五十更风流"），经小人的牵引，一年以内连续娶了两位夫人，分立三座公馆。

报纸于1936年4月1日出版，张、胡两先生在前几天几乎整天在报馆忙碌。我和君远主编三、四版要闻版，先是采轮流制，一人主编三版，另一人即主编四版。张琴南兄工作极卖力，稿子每经其手，必仔细审阅，并在题目上加以"花哨"，使读者看了，有不像《大公报》之感。约两个月后，津沪编辑主任互易，我和君远初仍轮编三、四版。

到了是年冬，忽然发生了一件震惊全世界的大案件：沈钧儒等七位救国会领袖，被南京当局会同租界巡捕房，黈夜包围，分别被捕。因为他们坚主抗战，反对妥协，并主张停止内战，一致对外，受到国内外的尊敬，尊称为"七君子"。这七位君子，被捕后即解往苏州的江苏高等法院。

全国各界人民及海外侨胞都义愤填膺，提出抗议。国际知名学者三十七位以爱因斯坦领头发电给蒋，要求立即释放；上海和苏州有二十七位著名律师挺身而出，愿为"七君子"担任义务辩护。这个拖了近半年，成为读者关注的热门新闻，《大公报》除原有驻苏州记者外，曾几次特派上海记者前往采访。

张季鸾先生对此事极注意，每晚看到这新闻，总沉思忧郁。记得他专为此案赴南京奔走两次。翌年二三月间，西安事变解决，蒋正在庐山约见中共代表，并与各方人士密商，如何举行中国国民党二中全会，实现西安事变中他已允诺的第二次国共合作,共同抗日。张先生也应邀赴庐,逗留了一个多月。

张先生重感情,他和沈衡山先生的深厚世交,我也早有所闻。"七君子"事件发生后,他如此忧心忡忡,奔波营救,以为只是为了对沈先生的关心。近年看到胡子婴女士的遗著《七君子狱中反诱降的斗争》,才使我明白真相。原来张先生如此委曲营救,其用心要深广得多;其毅然投身参加的斗争,复杂程度也远比我想象的为大。

胡子婴的文中说:"在群情激愤的情况下,国民党政府慌了手脚,拖延了两次侦察期。关押了四个月以后,才由江苏高等法院捏造一些无中生有的'罪证',拼凑出一篇漏洞百出的'起诉书'。'七君子'随即写了一篇针锋相对、义正词严的答辩状,把起诉书驳斥得体无完肤。但是上海报纸由于受到国民党政府新闻检查的压力,只刊载了起诉书,却拒不发表答辩状。这时法院即将开庭,对'七君子'一案进行公开审理,为了使广大读者了解真实情况,必须把答辩状及时公之于众。因此,救国会决定派胡愈之和我分别去到《申报》和《大公报》,要求他们把答辩状发表出来。"

胡子婴女士的文章接着写道:"1937年6月6日晚上,我到《大公报》去找社长(作者按:应为总编辑)张季鸾⋯⋯一见面,我先问他,江苏高等法院对'七君子'的起诉书,《大公报》是不是刊登了?他回答:'是的。'我马上追问:

'既然刊登了起诉书，那么'七君子'的答辩状是不是也应该发表？'他直截了当地说：'不发表。'我问他为什么？他只冷笑一声，置之不理。他这种傲慢无理的态度，顿时使我气愤难忍，我大声地说：'你们的报纸号称大公，但是你们只登官方一面之词，算得上什么大公……'他听了这些话，又冷冷地一笑，不慌不忙地说：'我不发表你们的答辩状，因为我不愿意陪同你们做戏。《大公报》也不准备做你们演戏的舞台。'他这两句话，说得没头没脑，使我如坠五里雾中。于是，我急忙追问：'你这话是什么意思？'张季鸾这时才把他的真意吐露出来。

"原来，张季鸾刚从庐山回来，他在那里见到蒋介石、叶楚伧等人。当时国共二次合作开始，在全国人民强烈要求团结抗战的形势下，蒋介石不得不装出一副假相，准备邀集一些'社会贤达'在庐山开会，共商抗战御侮、复兴民族大计。'七君子'是著名的学者，又是主张抗日救国的知名人士，当然也要网罗在内。因此，蒋希望'七君子案'快些结束，使他们能够及时来开会。但是叶楚伧、陈布雷等人却别有用心地策划了一个诱降之计。这一内幕是张季鸾在庐山亲耳听到的。有一天，蒋介石嘱咐叶楚伧早些结束'七君子'一案，不要再拖下去了。叶说：'我们早已安排好了，先在苏州高等法院对他们审讯一下，然后押解到南京反省院，再由杜月笙出面把他们保释出来，送到庐山参加会议。'蒋介石听了,皱皱眉头说:'不要这样麻烦了吧。'叶楚伧蛮有把握地说:'钧座放心,"七君子"已经同意这样安排,不会有什么问题。'蒋介石这才点点头说:'那也好。不过到时候一定要把他们送来啊。'

"张季鸾讲完这段经历,微笑地对我说:'你们双方已在幕后达成了协议,所谓答辩状岂不是做戏给大家看吗?《大公报》如果发表你们的答辩状,岂不成了你们演戏的舞台了吗?'

"我郑重地对张季鸾说:'叶楚伧等人的诱降计划,完全是痴心妄想。"七君子"不但不会"悔过",而且还要采取"三不"的办法,即不吃、不说、不写来抵制国民党的阴谋。我们绝不是在做戏。'张季鸾看我说得很认真,才知道CC派在欺骗蒋介石。……他沉思了几分钟,最后毅然说:'好吧,我相信你们,答辩状明天就可以见报。'说完,立即拿起电话,通知编辑部把答辩状立即发排,不必送审。……我这次与张季鸾交涉,他答应答辩状在报上发表,这是一大胜利。

"张季鸾因为刚从庐山回来,他不愿在蒋介石眼里使自己成为"七君子"的说客,因此,不愿为这件事再上庐山……他在房间里低着头踱了几个来回,最后坐下来对我说:'庐山我是不想再去了,既然沈老托我,我就给蒋写封信吧,试试看有没有回旋的余地。'于是他就当着我的面把信写好。他的信不长,内容大意是,既然毅然决然要抗战,这就要动员全国民众，共同对敌。现在主张抗战的最大的群众组织——救国会，其领导'七君子'却关在监牢里，这是与人民对立，对抗战不利。据我所知，他们七人坚决反对进反省院，甚至准备采取绝食的手段。万一发生不幸，则对国家、对阁下个人的威信均有不良影响，请三思。"

以后的事实是："七君子"知道张季鸾已给蒋介石写了信，斗争更加英勇；而叶楚伧、陈布雷方面，则以为智珠在握，一切按预定计划进行。有一个胡子婴多年不见的老同学忽到苏露面，无意间透露，她出来专为接"七君子"去反省院，而杜月笙、钱新之等也已专程去了南京，准备"七君子"解到后即往保释，然后与陈布雷、叶楚伧一起"解"去庐山，向蒋交代。

岂知开庭之日，京沪旁听者拥到，法院宣布改开秘密庭，群众反对声四起，后经苏绅张一麟调解，遂准家属旁听。而一波未平，一波又起，"七君子"提出要求，认为法官不适合处理此案，要求庭上另换法官，否则拒不作答。

叶楚伧、陈布雷蛮有把握，以为可以将"七君子"经过反省手续后由杜保释，如期送到庐山。岂知波折重重，一反预料，而蒋则电讯催逼，昼夜不息。后来知道是张季鸾从中做了手脚，不得不向蒋陈述经过，被蒋一顿痛骂，限令某日前将人交到，否则"唯你是问"。

这样拖到7月7日，卢沟桥燃起了抗战的烽火，在全国的压力下，南京不得不于7月31日无条件释放了"七君子"，计被系在苏州监狱有八个多月之久。

记得沈衡山先生1946年曾和我谈起这段往事（那时季鸾已逝世五年了）说："季鸾是一个好人，对我来说，尤其是一个数十年如一日的好朋友。记得我们出狱以后，即被接至南京，参加最高国防会谈，季鸾特地在中央饭店门口迎接我们，还关心我们和蒋谈话的结果。"

于此可见，在"七君子"事件中，季鸾先生不仅自始关心好友沈钧儒先生的安全，还伺机关心因爱国行动而被系的其他斗士和学生。他不仅爱惜这些"士类"（中国历史上这类英勇战斗的读书人代不绝书），而且要尽力维护这些人的尊严，他和陈布雷、叶楚伧辈之区别，大概就在这些地方。至于杜月笙、钱新之等一时风云人物，相去更不可以道里计矣！

到处开花

"非常时期",对一个报馆也是一种考验,看你在全国读者中有没有威信,生不生根。有几家在上海极为畅销的、一向自以为畅销海内的报纸,一旦随国军的"战略转移",搬到香港或汉口出版,不仅言论上引不起读者注意,营业上也无法独立,恰如一条一向在江湖里生长的淡水鱼,一旦放入大海,就无法呼吸和生存了。有一家辗转到香港、汉口出版,均不为读者所重视,最后不得不重回上海,也像《文汇报》一样,挂起外商牌子,仍在孤岛出版。有一家挟了孔财神的权势,运用他的特权和财力,勉强维持;但迄抗战末期,销数一直徘徊在二三千份,居于武汉及重庆各报的末位。所以,有几家"事前有先见之明"的上海大报,宁愿接受敌人的检查——上海国军撤离后,于12月13日公共租界公部局"总办"费信惇即发表谈话,要各报勿登"刺激"日军的新闻及言论,并声明同意日方的要求,所有华文报纸,都应事前接受日方的新闻检查。所以像《新闻报》《时报》

这样发行很广的报纸,因接受日方检查,销数一落千丈。

原在天津也称一"霸"的《益世报》,也企图迁地为良,苦于一直没有找到安身立命的地方——抗战末期曾欲在香港出版,战后又有到新加坡出版的计划,都流产了。在这方面,应该说《大公报》是经受住这个考验的。抗战期间,它曾先后在武汉、重庆、香港、桂林四个地方出版,不仅都站住了,而且营业很快就列居首位。如抗战时的重庆版,发行高达九万多份,先后添置了十六架平版机,才得以赶印出来。当时它的发行数,几等于《中央日报》等其他九家报纸之总和。香港一向是当地报纸控制的天下,《大公报》香港版出版后,不久发行即扶摇直上,在太平洋大战爆发前,骎骎乎有向《华侨日报》《循环日报》问鼎之势。桂林版出版之后,而一经发行,销路就如脱缰之马,步步上升,发行数最高达六万多份,也大约相当于《广西日报》《扫荡报》等其他几家报发行之总和。这说明,《大公报》确是全国人民所欢迎的——当然,未包括当时的边区人民。它在全国各地的读者心目中,是生了根的。这里面,张季鸾先生这支笔的影响当然不算小,所以能到处开花,到处招徕广大读者。

首先出版的是武汉版。那时上海正在苦战正酣之际,季鸾先生带了范长江等少数骨干,冲出重围,冒险到了战时行都,以从天津版撤退下来的职工作为班底,很快筹备就绪,出版问世。所以这样快,是和赵惜梦商妥了,接盘下《大光报》的房子、机器及一切设备。

前年（1983）我应武汉大学及《湖北日报》之邀，重到已阔别五十年的武汉，曾去市区寻觅旧踪。几位同业同我到江汉路附近的汉润里，指点一幢房子说："这里曾是《大公报》的馆址。"不错，我和它不仅似曾相识，而且打过交道的。在1934年张学良将军曾在此任"副司令"的时候，哈尔滨原《国际日报》流落进关一批朋友，准备来武汉创办《大光报》，打前站的是他们的经理赵惜梦君，因为赵曾兼任国闻通讯社哈尔滨分社主任，我们算是同事，更有胡政之先生专函，嘱我尽力协助，所以在《大光报》着手筹备的时候，我即和赵惜梦四处奔波，先是选定社址。当时汉口房子并不难找，特别像汉润里这样租金昂贵的房子，好多幢还贴着"召租"条子呢。赵惜梦选租了三开间两楼的房子三幢，一幢下面为机器间，楼上为工人宿舍；一幢楼下为营业部及单身职工宿舍，楼上为编辑部；另一幢，安置由关外带来的家眷。他所以选中汉润里，因为地段接近闹市，更主要的是我的家即住在弄堂对面的金城里，便于我可以就近照顾。在筹备期间，我曾协同赵惜梦君一同宴请同业，并陪同他去各机关访问。在创刊的最初几天，我也曾亲自动手，帮助写社论，设计要闻版版面，以后上了轨道，我就不再过问了。该报的总编辑王星岷君学识似有根底，人亦有风味，大概已作古人了。此外，如编副刊的孔罗荪兄，一直到解放后皆为闻名的优秀作家,陈纪滢兄则随国民党政府赴台湾,闻现为台文联主席,关吉罡兄则任台"立法"委员。总之,该报人才济济,一经创刊,即在沉闷之武汉新闻界放一异彩。

不知因何缘故,赵惜梦不再经理下去,自愿将"生财"房子全部"顶"给《大公报》,而《大公报》因有现成之房子设备,得以提早出版。我站在这几幢房子前照了相,并徘徊久之。这里,当然早已住满了,一个住户是老年人,问我:"这房子以前是不是你家(您)的?""不,我以前曾来过的。"实则,我在幻想,在这房子里,季鸾先生曾在此流汗(武汉是长江有名的"火炉")战斗,在此写出了十分出色的文章。

在这里,季鸾先生曾以如椽之笔,写过《中国民族的严重考验》《置之死地而后生》《最低调的和战论》等社评,当时曾振奋人心,下定长期抗战决策,与动摇分子汪精卫之流做斗争。在《中国民族的严重考验》一文中说:"这几天的军事概况,是大家知道的(指敌军已日益逼近武汉),大家务必注意,这是命运给中国民族的一个严重考验!我们突得破难关,便是自由人;若心灰意沮了,便须准备做奴隶。""昨天业已说过,中国本是弱国,我们哀兵哀民,不得已而自卫,当然在战备上有缺陷,在作战上遇困难。然而这都在意中,并非意外;中国谈何容易能成功,并且谈何容易能持久。我们当然要预先觉悟这一切艰难困苦,当然准备发挥一切能力。""现在是命运正对于我们举行严峻的考验……我因此吁恳全国共同觉悟,今天以后最要紧的是自己的坚牢团结,要团结成一个伟大的有机组织,彻上彻下,光明透亮,大家心安理得的共同工作奋斗,然而要达到这个理想境界,先要互谅互信,要尽除一切自私之心,只余下一共同的责任观念。具体地说,社会各方面或者各党派对于政府要谅、要信。同时政府方面对于志在抗敌之一切人,也要谅、要信。这一点甚关重要,而军事越延长,其重要越甚。"他以极明白晓畅的道理,讲出一般爱国人心肺中同情的话,所以句句能打动读者的心弦。而且,他深知政局内幕,经十年内战而号召起来的各党各派,团结未必如何巩固。他也深知有些人正阴谋破坏团结,破坏抗战,故沉痛指出,这证明他有先见之明,意识到若干月后,如不相互警惕,团结会受到破坏。

在1937年12月上旬,敌军已直薄南京,南京危在旦夕。它一面以重兵南北两路企图会师徐州,打通津浦路,一面水陆两路向武汉进犯。当时钻在抗战阵营内部,散布"和则乱、战必亡"的论调的人,而指坚持抗战到底者为唱高调,想动摇人民抗战到底的信心,而武汉当局,则不断由德国公使陶德曼、英公使寇尔居间调停,希望敌方"适可而止",勿再深入。在这样人心惶惶的空气下,张写了《最低调的和战论》,这一篇社评一出,使一切投降阴谋受到致命的打击。他开头即写道:"我们首都已不幸在敌人围攻中,

到处开花

全国人民此时,应当对敌人彻底认识,对祖国前途更彻底检讨一下。"

接着他写道:

> 前天东京电,日外务省发言人说,欢迎第三者调解。但同时东京已准备八十万人游行庆祝,准备于占领我首都之日举行。大家只就这简单两条消息看看,就可以认识敌人如何玩弄辱没中国,并可以知敌人所谓调解是甚么意义。……
>
> 最近又发生调解的声浪,但试问假若日本尚有万分之一的诚意,那当然要停止进攻,然后才能说到和平调解。现在怎样呢?这四个月来,以海陆空大军进攻中国南北省区,其直接加诸中国的军事的摧残不用说了,其在城市,在乡村,在陆,在海,以飞机,以炮火杀戮我们的平民,不知道有多少千,多少万,焚烧摧毁我们平民的财产,又不知有多少亿,多少兆!这都不用说了,而现在一面言欢迎调解,一面庆祝进攻我首都。……

张先生的白话文,还有裹过脚的痕迹,但字字句句,朴质沉痛,写出了中国一般人民心底的悲愤和沉痛。接下去他说:

这可以知敌人所谓调解的意义，只是庆祝胜利的纳降。其最毒者，乃希望我合法的正统政府肯接受他占领我首都后之所谓和议。因为如此则省得制造傀儡，并且可借我正统政府之力，以自消灭国内的抗战精神，同时使国际上无法说话。这是他大便利，大合算了，而中国怎样呢？

我们是无党无派的报纸，向来拥护政府，服从国策。在开战以来，从来没有一天以言论压迫政府主战，也从没有附和一部分人年来所谓即时抗战论，以使政府为难……

但事至今天，却不容不大声疾呼，请求政府当局对于最近发生之所谓调解问题，应下明白之决心了。我们以为政府即日即时，应当明白向中外宣布，即日本不停止攻南京，如日本占了南京，则决计不接受调解，不议论和平。我们以为这绝对不是高调，乃是维持国家独立最小限度之立场。我们不问日本条件如何，他之一面庆祝攻占南京，一面说和议，这显然证明日本抹杀中国独立人格，那条件之劣，就不问可知，且纵令条件在文字上粉饰得过去，但实行起来，一定在实质上丧失独立，因为它若诚意议和，就断不会再攻我首都，就是想叫我正统政府于失尽颜面之后，再屈服于他。敌人即存心议和，试问怎样和得下去？换句话说，怎样屈得下去呢？

我们认识国家军事上经济上之种种艰难，同时极不满意英苏美等国比京会议之虎头蛇尾，但无论如何，我们必须自己努力保持国家之独立与人格。这个如不能保，这不仅抗战牺牲付之流水，并且绝对无以善其后。中国今天虽在此危急环境之中，但仍有一极强之点，就是军民团结，永无内乱。倘使我正统政府于失了首都后反而接受和议，则国内团结，必将立时不保，那就怕真要成为瓦解土崩之大祸了。……

我们全国一切拥护国家独立的人，依然可以守住正统政府，大家心安理得的工作与牺牲。这样，中国就永不亡。民族精神也永不至衰落。时机紧迫，千钧一发，我们贡献这几句愚直之言，特别希望在汉口的政府当局注意。

那时，汪精卫等动摇分子，正到处散布其"低调"——抗战必亡论，而暗中已准备出逃国境，和敌人"周旋"所谓和议。与之同调者，实不乏人。季鸾先生此文，苦口婆心，透彻讲明利害，讲明大是大非。不久，汪精卫即出亡河内，发出"艳电"，走上汉奸卖国的可耻道路，此文却当头一棒，唤醒了多少意志本来并不坚定的人，使国家一时免于陷入

"瓦解土崩"之局。他的一声棒喝,应该说关系不小。

那时,季鸾先生白天四出了解情况,晚上归来,论文编报,而且还要兼顾经理部工作。当时,任副经理的为许萱伯、曹谷冰(均津馆老人),编辑部骨干只孔昭恺、赵恩源、长江及徐盈、子冈诸人(当时王芸生尚在沪馆,我则留沪,旋入主《文汇报》笔政),副刊邀陈纪滢客串。

附带说一下,我对不久即离开《大公报》的长江同志的去因迄今有所不解。记得约两年以后,即上海《文汇报》已被迫停刊,我于1939年秋到《大公报》任港版编辑主任后,有一天和季鸾先生对坐谈天。我问:"长江怎么离开报馆了?"他喟然长叹一声说:"我叫他学写社评,他不满有些稿子给人删改,后来他和某人已极不相容,根据报馆章程,只能忍痛让他走了。"所谓章程,是报馆的不成文法而一向严格执行的,即同事如矛盾至不能两存,即不问是非,牺牲职位较低的一人。我曾亲眼看到不下一个例子,某一同事因意见与高位者有不同,尽管他的意见是正确的,而难免被辞退。有人说,长江之离去是因为所走的路越来越与《大公报》相悖。我曾听陆诒同志说,他决定就任《新华日报》采访部主任,是因为周恩来认为《大公报》作用大,长江应留在《大公报》工作。在1938年汉口危急时,《大公报》的态度应该说是"差强人意"的,而且地下党员徐盈、子冈一直在《大公报》发挥作用。所以我的想法,还是相信季鸾先生说的,长江之不得已离开,是因为有某人妒忌其能文善"跑",而此人正在季鸾先生下面控制一切,否则,周恩来权衡轻重,亦断不许其轻易离开也。

总之,那时的季鸾先生,是一生工作最辛苦也最出色的时候,写下不少影响极大、极远的文章。一月以后,迁渝出版,他积劳致肺病又严重了一期,以致不得不退处幕后,在重庆汪山静养,并不时赴港就某名医诊治了。

重庆版系于1938年武汉失陷由汉迁来出版,编辑部及社本部一直在李子坝,营业部及外勤科则设在城内。

香港版于1938年"八一三"周年纪念之际在港创刊。创办之初,胡先生特向吴鼎昌索回"借"去的金诚夫兄(在吴任实业部长时,调去当部长机要秘书,后调贵州省政府当秘书主任兼《贵州日报》社社长)至港馆当经理。编辑部初由胡先生亲自掌握。1939年秋我回《大公报》后,任编辑主任。

《大公报》港馆维持了三年多(1938年8月至1941年底),馆址最初租用闹市王后大道中、商务印书馆隔壁的一幢旧楼里。到1940年初,胡先生为了抽调资金,筹备桂林版,乃将馆址搬至利源东街一幢旧木楼上,外表像是一所弄堂小报了,一点不像其时刚得了密苏里奖章的蜚声中外的大报。

《大公报》本是统一经营的大报。此时,一块招牌,港、渝两馆无形中有"各立门户"之势。因为直至上海馆开办,胡先生一向倾全力于报馆,事无巨细,皆独任艰巨,而季鸾先生则文名播海内外，每不免有不平之色。在和同事闲话中，每不自然地流露，说《大公报》之所以有今日，大半由于他的善于经营。我在沪馆及港馆，就不止一次听到胡先生谈到张先生的往事，说："张先生在《中华新报》时，也几乎每天写一社论，外国记者且有将其拍发国外者，但所办的报因经营不善，日销不过二三千份，以致报纸无法维持，关门大吉。"言下之意，《大公报》能够日益发展，主要靠他的经营有方，而且说张先生是名士派，只要几句恭维话，就随即借钱给人，或随便写介绍信。我在报馆先后十三年中，却从来没有听到张先生背后议论人。提到胡先生，总说他如何辛苦，如何不顾自己健康。总之，每说到政之先生，总满口称赞。自从汉口版开办，张先生独力负责，下面的经理曹谷冰（在汉口版开办不久，许萱伯即病殁）是张先生一手提携的"故人之后"，编辑主任王芸生也是张先生从天津《商报》看中"挖"来的。自创刊以后，即声光闪耀，营业也井井有条，因此胡先生于高兴之余，口头总不免另有一股滋味。在香港版创办后，也想尽力办出一种特色来。他以追随多年（国闻通信社创办之初即当助手）的"左右手"金诚夫兄调到香港担任经理，我以后回到《大公报》任编辑主任，也是出身国闻社的、被胡先生青睐的人。所以，在港馆内容也日益精练之后，胡先生另有一种得色。这是我们从旁可以体会到的。张先生就从来没有这种"门户之见"，比如，他对我的培养,真有恨不得"拔苗助长"这种迫切心情,对金诚夫兄,也爱护备至,对港沪两馆同仁,从来都不分什么你我。

1941年张先生逝世后,在理两馆可以"统一"了,但还经过了一段过程:1941年中,政之先生忙嘱在沪看守沪馆善后的李子宽兄——是胡先生的另一"左右手",国闻通信社开创时即任沪社主任,嘱绕道赶往重庆,参加管理工作,而曹、王两位"滴水不漏""针插不进",让子宽兄形同食客。曹、王两位闲时,约李陪同打打麻将,以资消遣而已。所以在太平洋大战后,胡先生早在战前就将桂林版创刊,自营一小洋房,与夫人闲居,料理些桂馆的重要事务,对渝馆不加过问。以后赴渝开会——国民参政会,季鸾先生从第一期即任参政员,逝世后,当局才补了胡先生充任。那时,胡先生才移家重庆,由其长婿王恩东为他选定红岩新村(为金城银行建造的高级住宅,王恩东时任金城银行渝行经理)一幢大楼为新寓,对馆内杂务也不加闻问。后来,他组织了《大公报》董监事会,曹、王均列名董事,才勉强做到表面的统一管理。1944年湘桂战役中桂林沦陷,桂馆职工分别撤至重庆,胡先生特邀诚夫兄及我谆谆告诫:"你们来渝馆,好比二房一家破产了,来依附大房,要处处谨慎,懂行'以小事大'的道理。"他还举自己为例。说:"谷冰这个人,小心多疑,他每次来见我,我必先'整整容',带着笑脸去见他,以免他多心,至于芸生,颇有傲气,我也要善于应付,你们更要小心。"

果然,在我们到重庆不久,为桂林职工新创刊的《大公晚报》,一位编要闻的郭君,因得罪曹先生被开革了,渝馆一位广告主任,原是金诚夫兄的亲戚,还有桂馆经理部的两位科主任,也都是金的亲故,全被借故一起开革了。所以我在重庆一年,几乎是闭门谢客,同业都少来往,以便"以小事大",等到八月初日本宣布投降,那时政之先生赴美参加旧金山会议,董监会决定派我和子宽兄到沪,负责筹备上海版复刊,我任总编辑,子宽兄任经理,我离开重庆时的心境,真有些像京戏唱词中所常引用的"套话":"踏破铁笼飞翠凤,挣开金锁走蛟龙。"大约在一年以后(1946年5月),我得知二十万美金官价外汇事,也因为胡先生认为我控制的沪版,内容太"左",我就一怒向政之先生提出辞呈。从此和一直当作安身立业的"家",永远告别了。

胡先生于1949年上海解放前夕病逝,公私都陷于困扰中;吴达诠先生则在1950年夏病逝于香港,那时他已列入战犯的名单。我正因港《文汇报》事在港调处,有人曾劝我去看看他,问他是否有意回去,我正迟疑中,看到花店里扎有吴铁城致送的花圈,才知吴先生已谢世。

比起季鸾先生生前的风光,死后的哀荣,吴、胡两先生是死非其时了!

毕生尽瘁

曾在"孤岛"上风行一时,而战斗十分艰巨的《文汇报》,终于在1939年5月被敌伪扼杀了。政之先生立即函电催促,叫我重回《大公报》,任香港版编辑。

我在清理《文汇报》的一些"善后"后,于是年7月即到了香港。

那时,季鸾先生虽负责主持《大公报》重庆版笔政,但隔几个月必来香港住些时候,主要是治疗已到三期的肺病——那时尚无特效药。听说他是受蒋及张群之托,暗中和日方有所联系。

季鸾先生寄寓在香港坚道,"二房东"是曾在上海报界叱咤风云的张竹平先生。他曾任《申报》经理,后为《时事新报》《大陆报》等四报总经理。二楼转租给胡先生,底层租给张先生,竹平自己住一楼;两"大"之间,恰似三明治一样。

有了《文汇报》独当一面的经验,胡先生看到我处理版面、指挥采访及撰写评论,井井有条,不久便把编辑大权全交给了我。他自己退处二线——经理部也交金诚夫兄处理,在家安享"燕尔新婚"之福了——他那时才续弦一年多,新夫人是刚在光华大学毕业的顾女士。

张先生对我尤表欢迎,一有空就找我畅谈,大概觉得我在相隔大约两年的时间中骤然"成熟"了,可以分担这副担子。而且,看来他自己也意识到"来日苦短",急于培养后来人,这从一些小地方可以反映他这种心情。我每到他的家中谈天,他总劝我多吃葡萄汁,说这对补肺很管用。又常说:"我可惜体力不济,多写字就觉得累,而脑子还很管用。"

第二年——1940年春,他将家眷搬至重庆,其好友康心之特以汪山的别墅供其住宿。那里空气清新,既便于疗养,又可就近躲警报。但从此以后,每隔三四个月必来港住一两个月,延医至旅舍治病打针。先几次是住九龙饭店,最后一次是1940年秋,住的时间特长,住在九龙新设的雅兰亭酒店。记得那时自动电梯初见,该饭店已有此设备,不用专司电梯的人了。那时他几乎天天找我谈话,或吃小馆,或就在该饭店饮食部吃饭。

他是急于想以毕生积累的经验,传授给我。

有些"秘诀",我迄今还记得。比如,他说写报纸评论,千万别用冷僻的字或典,太冷僻了,读者面就缩小了。其次,他说:"千万勿写过长的句子,如果一句话讲不完,宁可拆开两句,甚至几句来说明。否则,一句长达几十个字,读者看到后面时,前面已忘记了。文字结构也易西洋化。在遣词造句或用成语的地方,凡别人已用滥了的,千万勿抄袭,应另外找一相同或类似的字或句子。这样写不是为了要标新立异。按常理讲,比如有一个朋友和你谈话,老是那一套老生常谈,即使是至理名言,也易使人多闻而生厌。"

关于思想方法上,他也有一套。他说,对一件新发生的事,自己没有把握,不要轻下断语,说一定如何如何;宁可多说可能,指出在这件事上,哪一种可能性大一些。否则,自以为"十拿九稳"的事,也往往会在事实面前碰壁,使报纸在读者心目中丧失威信。这一点,我近来体会更深,常常可以找出例证。比如,前年香港报界,曾发生水费会不会涨的争议;右翼的报纸说,中共当局一定乘港币跌落的机会,提高接济港九的水费。有一张左派报纸一再驳斥,说我国政府一向关心香港人民的生活,水费决不会涨。这话按理说不会错。事有凑巧,用电的费用涨了,导致输给香港的水费不得不涨。这样使该报在事实面前失去一次威信,虽再三解释,读者也认为它理亏了。

他还有一个"妙法",他会形象地譬喻说:"凡根据现状,无论如何看不透的问题,应该学学孙行者,跳到半空中向下鸟瞰,也许会看清楚,弄明白的。"他举一个例子说:

"当苏军开入原波兰东半部的时候,消息传来,我一时想不通。至于那些看问题一向绝对化的人,认为苏联是同情弱小民族的,决不会开入波兰。中苏有互不侵犯的关系,更不该加以谴责。我想了半天不通,'跳'到空中一想,通了。当即打电话叫芸生来,他不知如何下笔。我说:有办法了,从骂毕苏尔斯基(波兰当时的执政者)开始,说他平时压迫群众,对防德一无准备,又不肯动员群众起而抵抗纳粹的侵略;前几个月英、法、苏莫斯科会谈时,就因为波兰当局作梗,如拒不容许苏联援军过境,又不容许当地给援军以给养,致使斯大林无法接受英、法的条件,转而与纳粹德国签订互不侵犯条约。现在,德军已大规模越境侵入波兰西部,苏军为了保护自己,也为了保护在波兰的苏联侨民,不能不有此一举,云云。这样说,情理说得通,也可以理直气壮。芸生回去就照此意见写了一篇社评,读者看了也满意;本来对此事想不通的也想通了。听说蒋先生原来对此事也想不通,看了《大公报》此文,恍然大悟,立即打电话给国民党中宣部部长说:'照《大公报》的意思,起草宣传大纲。'"

他还几次对我说,应该多看看别家报纸的文章,以做比较;但千万勿抄袭别人的观点,应有自己的主见。应使自己写的文章,能说出读者心里要说的事,要说得合情合理,使读者完全从心底里同情你的看法和主张。像《星岛日报》的社论(指金仲华主持编辑部时),不要小看它,它的文章就很不浅薄。

他自知身体不济（当然没有预想到一年以后就逝世），曾对我说："我的身体太弱了，而报馆的事，虽不烦我去操劳，却常要操心。我想抗战胜利后，我先彻底摆脱报馆的事，去燕京大学休养一年，那里空气很好。我可以当他们的义务教授，精神好时，可以上一二小时课；平时可以分批约学生来我的住处闲谈，从编辑、采访的经验谈到报界的历史和政界过去的逸闻，这对青年会有好处。"

我说："这太好了，我想也去该校做一名助教，专门记录你所讲的话。"

他笑笑说："那时，你肩头的责任就很重了，决不容许你也离职去讲课。"

有一次，我还率直地对他讲，《大公报》的言论态度，有些人觉得不满，特别对皖南事变所发表的社评。他叹口气说："我的中心思想，是要抗战建国，必须要有一个国家中心。蒋先生有很多地方也不尽如人意，但强敌当前，而且已侵入内地了，没有时间容许我们再另外建立一个中心，而没有中心，打仗是要失败的。所以，我近几年，千方百计，委曲求全，总要全力维护国家这个中心。"

我说："现在是抗战时期，我们多为政府说好话，为的是抗战第一，胜利第一，读者可以原谅。一旦胜利了怎么办？"

他说:"当然,我仍希望蒋先生从党派的圈子里跳出来,真正成为民族的领袖。建国大业如果在他手里一手完成,可以顺理成章,省事得多。但那时我们要坚持一个口号,即国家至上,民主第一,以此号召全国合作,会得到读者的同感。"

对于他来港参与和日方人士接触,我从不过问,只知有一个叫罗四维的人,在报馆任日文翻译,是张先生介绍进来的。他和日方有所接触,大抵由罗居间传话。

对此事,我曾率直地对季鸾先生表示:"我们以超然的民间报标榜,张先生这样直接地参与政治,似乎有损先生的身份。"

他含笑地说:"铸成,你把记者的作用看得太轻了,成熟的记者应该是第一等的政治家,美国的总统候选人不是有许多曾做过记者的吗!"

后来,他把话锋一转,说:"将来胜利后,如我能恢复健康,报馆由你们去办,我还想当驻朝鲜大使呢。"

这天,他说话多了,没有继续发挥他的理想。我看他累了,也未接着追问。以后不久他即回渝,从此成为永诀,成为永未解答的谜。

他当然不会预料到战后朝鲜分裂为二。他的想当驻朝大使,大概还顾念到国家战后力量不足,今后国家的命运,很大程度上系于对苏和对美的关系,而朝鲜地处苏联与日本的中间,他以为身处驻朝大使的地位,对国家居于美苏两"大"之间的形势,会尽力做些贡献吧。

记得季鸾先生逝世的前一个月,《大公报》桂林版已创刊——这是政之先生独具的先见,他不盲从日本不会南进的一般舆论,先从香港版抽调资金,甚至把馆址迁至便宜得多的利源东街一幢小房子,预先派人筹备,并陆续购运去八九部平版机及铸字机、字模等必要的设备。桂林版创刊时,季鸾先生已病倒,不能再起床,还力疾为桂林版起草了几天的"重庆专电",成为他给《大公报》、也给旧中国新闻界最后的贡献。他病革时,蒋介石曾亲往汪山康寓慰视,所以蒋的挽词中有"执手犹温"之语。

记得在1940年初,美国密苏里大学即决定以密苏里奖章授予《大公报》——这是他们认为最荣誉的;在这以前,东方报纸,只有大阪《朝日新闻》曾被授此项奖章。那时,梁士纯先生——原燕京大学新闻系主任,正图摆脱中央社香港分社主任,赴纽约任该社驻美记者。张、胡两先生曾面托梁先生去该校联系此事,并代表《大公报》接受此奖章。[1]

张先生能在生前看到此事的实现,心中自然不胜高兴。

---

[1] 《大公报》获密苏里奖章的时间为1941年4月,同年5月15日由中央社驻美办事处主任卢祺新代领。据方汉奇主编《〈大公报〉百年史》,中国人民大学出版社2004年7月第一版。(编者注)

重庆新闻界为此特举行庆祝会（《新华日报》也参加），季鸾先生参加并发表了极有激情的致辞。大意说：这不仅是《大公报》的荣誉，也是全体陪都（指重庆）新闻界艰苦奋斗所获得的荣誉云云。他还即席发表了简短的新闻。

他死后二十余日，我曾写了一篇悼文，并写了他的年表，刊之当时的香港《大公报》，可见我当时对他的悼念之深和我当时的思想情况。

他的棺木，后来运陕西原籍安葬，一路有军政人员路祭、照料，茔地更修饰堂皇，可说是近代报人中最大的哀荣。[1] 至于吴达诠、胡政之两先生则先后于1949年和1950年逝世，其结局和季鸾先生不能相比矣。

张先生逝世甫四月，香港即遭战劫，时政之先生适回港料理私事。一天晚上，《大公报》正在炮火中由我苦撑至最后，政之先生邀我到他下榻的胜斯酒店长谈。时电灯因防空而熄灭，油灯孤照，两人对面清谈。他怕我战后仍回《文汇报》，一再劝我勿"另起炉灶"。并说，他想把张先生的股票由报馆收买下来，大部分分赠给我。我说："这如何使得！"

---

[1] 张季鸾逝世后，各界在西安南郊竹林寺举行公葬活动。张季鸾墓在今西安市长安区杜曲镇竹园村，坐北向南。原墓碑在"文革"中被捣毁，现存有碑文拓片。现墓碑由张士基等于1999年重立。据《张季鸾年谱》和张季鸾后人提供的情况。（编者注）

他说:"我们的方针,一向是事业向前,个人后退,有什么使不得?"我说:"你们三位是创业者,应永与报馆保存联系。再说,是张先生名下的股票,我决不收一张。"胡先生看我如此态度,也就不谈下去了。1946年5月,我辞职回到了上海《文汇报》。

附　录

天津怀旧

《大公报》的第一个中共党员

去年深秋,我曾重游离别已四十八年的武汉,写了一组《武汉寻梦记》,陆续在《湖北日报》刊载。

按年序排列,北京是我进大学、开始跨进新闻界大门的地方,应是第二故乡。1929年到天津《大公报》工作,安家落户逾两年半,跟张季鸾、胡政之先生学习,仿佛艺徒正式坐科班,学采访、编辑,学写作评论,在这"富连成"中,生、旦、净、末、丑,唱、做、念、打,文武场,都打下了一点根底。又值那时正在"九一八"前后,中国开始国难深重,学生运动风起云涌,国家正在萌发"否极泰来"的曙光。所以,天津虽是我的第三故乡,但我对它的感情却是特别浓郁。

从1951年曾在津小住半月后,也已睽离她老人家三十四年了!承友好们的邀约,将重游旧地。像小媳妇盼回娘家一样。这一阵,我已思绪起伏,难以平静。回到娘家,看到许多崭新的变化以后,会有写不尽的新事物、新气象、新感念吧,那么,先把旧印象回忆清理出来,对我,也应是新旧对比的材料。

关于《大公报》和它的吴(鼎昌)、张(季鸾)、胡(政之)"三巨头",我在拙著《报海旧闻》等中已简易回忆过了。除此以外,最引起我怀念的是吴砚农同志。

他是我天津时代的老同事,那时,我当编辑,他当记者,都是"初出茅庐"。我初到天津时是二十二岁,他大概只有十六七岁。

再次相逢,则在1936年《大公报》上海版创刊以后,我编要闻版,他从日本留学回来,任各地新闻版编辑。

他怎么离开天津到日本去的呢?他没有对我谈,我那时早去汉口当特派记者了,是从津馆来上海工作的一些老同事老工友告诉我的。

从1931年冬日本侵略者发动天津暴乱以后,《大公报》即从"日租界"四面钟搬到"法租界"三十号路新址,不久,砚农即秘密参加学生救亡运动,往往在深夜出去工作,暗中散发传单。百密一疏,被"法租界"的"尾巴"盯上了。有一晚,《大公报》馆忽被巡警、密探层层包围,说是要搜捕共党分子。报馆高级职员交涉无效,他们气势汹汹,说是目击有人散发宣传品后,逃进了《大公报》馆,事关租界"治安",一定要严密搜查。在这紧急关头,工人们设法把砚农保护起来,警探无法查获,悻悻而去。

胡政之是一贯守住"不党"这个"社规"的,不容许职工参加党派活动。另一方面,他也不愿结怨任何党派,他再三权衡、考虑,并征得砚农同意,把砚农秘密送往日本留学,同时兼《大公报》驻日记者。

不知是谁先去谁后去,在1936年以前,《大公报》有两位驻日记者,另一位是于立忱女士,即后来成为郭夫人的于立群同志的胞姐,也是半工半读,在一所女学校攻读。

上海《大公报》创刊后,砚农埋头工作,沉默寡言。有一次和我闲聊,说前一年胡政之先生为订购新式卷筒印刷机,曾赴日本参观。有一次砚农去旅舍请示工作,忘了事前敲门,进门后,看到胡先生正在和于立忱女士密谈工作,感到自己的闯入很失礼。

我也有过类似的冒失经验。张季鸾先生一向对我很信任,他每次去外埠公干,总委托我代为处理他的信件,并且凡是有关公事或稿件的,代为答复或发排,私信则暂为保存。有一天,看到一封"东京于寄"的厚信,以为是通讯稿,贸然拆开了,哪知开头就写着"四哥青览",知是私信,连忙封好了。

一两个月后,于女士回沪联系工作,没几天,就听说她在旅舍自尽了!不知是生活的苦闷还是受到什么难解的刺激。

后几年,我看到郭老在《洪波曲》中曾提及此事,只有些余愤,语焉不详。

"七七"抗战后不久,砚农即离沪北上。上海抗战三个月,沦为"孤岛",《大公报》上海版也继天津版后,宣告自动停刊,先后出版汉口版、香港版,我留在上海,参加甫创办的《文汇报》。

和砚农重新见面,是在1951年夏,我参加第一次赴朝慰问团,去朝工作两个月后,全团回到天津休整,整理笔记,商讨如何向全国人民传达。在黄敬市长的招待会上,我和砚农重逢,畅叙契阔,才知他一直在华北解放区工作,那时任天津市委书记。他殷殷询问许多老同志的近况。即使对有些落后的,也非常关心。

以后,我再未重游天津,只在老友邵红叶同志口中,知道他转任河北省委书记。

在"十年动乱"中,不断传来他被"揪出""批斗"和折磨的消息。我也在"隔离""揪斗"和在"五七干校"劳动改造中,自然没法打听详细的情况。

党的十一届三中全会以后,拨乱反正,才知砚农同志已得到彻底平反,恢复名誉,而已身残心瘁,在北京休养中。一直打听不清他的住所,几次入京,迄无法探访。只能默默地祝愿他早日康复,希望有一天能欢然道故。

杨刚同志是1939年进《大公报》的,长江同志也在此前后光荣参加共产党。据我的估计,砚农同志大概是《大公报》中第一个中共党员。

《大公报》的"发祥地"

30年代,天津人民曾自豪地说:"天津有三宝:永利、南开、《大公报》。"永利是范旭东、侯德榜两先生艰苦建立的我国第一个化工基地;南开是张伯苓先生创办的学校,是当时全国最有名的私立学府,为国家培育了不少人才;《大公报》曾闻名国内外,成为当时全国最有权威的报纸。这些,都为"老天津"所熟知,而载入史册了。

不应该忘掉一个人。永利、南开在创业之初,资金周转,都得到金城银行总经理周作民的大力支持。新记《大公报》最初的资本五万元,据周氏在1950年亲口告诉我,名义上是吴鼎昌支付,实际是他张罗在"四行"——金城、盐业、中南、大陆四家所谓"北四行"筹集的。这也符合当时的情况,吴鼎昌虽挂名盐业银行总理,实权仍操在张氏父子——张镇芳及其子伯驹之手,而金城则由周作民独力支配。周作民这个人,晚节且不论,他确有相当的魄力,想搞一个民族企业财团,仿佛日本的三菱、三井一样。自然,中国和日本的内外条件不同,不可能走上"明治维新"的道路。因此,他的梦想也只能以幻灭告终。但他扶持"天津三宝"的往事,历史上似乎应该记上一笔。

《大公报》的"发祥地"在旧日租界旭街四面钟对过——今和平路哈密道口。1931年冬天津暴乱后,迁至旧法租界三十号路——今哈尔滨道西头。

我这次到天津旧地重游,曾先后到这个"故垒"去徘徊、"凭吊"。最初的《大公报》馆旧址,轮廓依然,而内外部装修、扩建一新。门前悬上"天津市皮革制品工业公司皮鞋展销部"的招牌。对面的四面钟不见了,乌烟瘴气的德义楼饭店已像削去一个头,矮了半截,也像已"转胎"得了新生。

得到皮革制品工业公司同志的同意,我步入"旧巢",上下打量了好久。好像时光倒流了五十五年。我恍惚又置身于旧《大公报》馆里。那座曲尺形的门面房子,楼下是门市部和经理部办公室,楼上则为编辑部。"曲尺"的顶端,是编辑室,约有四十平方米大小。靠窗——临旭街的一面,放着一张较大的写字台,一面是张季鸾先生写作和编辑的地方(他没有专设的总编室);对面则坐着要闻和国际新闻编辑许萱伯和曹谷冰。中间有两行共六张一般的办公桌,靠里边的一行,对面分坐着翻译主任杨历樵、日文翻译周老(我已记不起他的大名)、各地新闻王芸生,最后是我(编教育与体育版)和助编赵恩源。外面的一行,是本市新闻兼《小公园》编辑何心冷和记者们的座位。何还兼任外勤主任。在角落,另放了一张单人桌,则是经济新闻编辑杜协民(南开大学第一班毕业生)的座位。

"曲尺"临松岛街——今哈密道的一面，有三间房子，各约二十平方米，第一间为会客室，第二间为夜班编采人员宿舍，最末一间为总经理室，胡政之先生写文章、核对账目、接见职工，都在这里。

那时，全编辑部内外勤不足三十人，其中工龄最长的也不过五六年，如编要闻的许萱伯，北洋大学毕业后，曾在青岛税务局工作，对编报还是新手。总之，当时的《大公报》，主要靠张季鸾、胡政之这两位报坛的老将，擘画一切，以全副精力从事新闻事业的革新。他们两位，作风各有不同。胡先生态度严肃，处事一丝不苟，对自己，对同事，要求都很严格。张先生则从大处落墨，不拘小节，白天和各方人士接触，晚上则写社评，修改稿子，考虑版面和写标重要标题，审阅各版大样，抓纲提目，也务求精审。但他总像游刃有余，指挥若定，优哉游哉，工作毫无手忙脚乱之态。

在他们两位的指挥下，手把意授，把来自五湖四海的近三十个青年——最大的不过三十多岁，小的不到二十岁，团结成为一个志同道合的集体，各显所长，内容日求精益求精，使《大公报》在读者中的影响，蒸蒸日上。特别是张季鸾的社评，风靡一时。

我在这"故垒"中萦怀往事，想到当年的严师、好友，大半已成古人，不禁感触万端。出得门来，特和老同事张高峰同志在门前合影，留作纪念。此时的心情，仿佛《儒林外史》里"泰伯祠遗贤感旧"一样。

后来,又去旧法租界三十号路的旧址。那里,房子还依然如故,现是天津京剧三团的所在地。那天是星期日,只有少数人在看守。我们进入参观,哪里是编辑部,哪里是张、胡两先生写作和会客的地方,哪里是工厂和经理部,都明确可辨。在一间小编辑室里,一位青年同志正脚蹬粉靴,口戴髯口,在练习把式。我请他合摄一影,他惶惑不肯。其实,"天地小剧场,剧场小天地",我当年也在这里练过功,学习唱、做、念、打的,我们原是"同行"啊!

我在这个旧址,只工作不到两个月。1932年初,便被派去武汉当特派记者兼办事处主任。四年后——1936年初,《大公报》准备改刊上海版,我调沪参加筹备,与张、胡两先生同住在一个宿舍里,朝夕得聆教益,直到翌年"八一三"全面抗战爆发。

难忘的一幕

1929年起,我曾在天津《大公报》工作两年多。我的大儿子就在那时出生的,现在他已五十一岁了。

天津是通向关外的要冲。1931年"九一八"事变后,天津人首先感到"国难当头";租界闹市,虽然还是灯红酒绿,歌舞升平,而广大居民,尤其是在海光寺(日本兵营所在地)、东车站一带居住的,目击日本驻军更加蛮横无理,个个是一副统治者的面孔,因而更感到大祸已迫在眉睫了。那年11月的一个深夜,设立在日租界旭街(今和平路四面钟对面)的《大公报》编辑部,正在工作紧张之际,忽然,一阵密集的枪声,从东马路方向传来,紧接着的是人声嘈杂,像有一大群人呼啸而过,我们连忙放下工作,伏在窗口看,只见日军的卡车,一辆辆在旭街上巡逻,与松岛街(含哈密道)交叉的十字路口,已架起铁丝电网,有几名日兵端着枪,威吓行人,不准通过。看来,像是一切早就"排演"好的,从枪声爆响到日军设岗,几乎是同时发生的。

一位记者不断向东马路等处警察局打电话,好不容易接通了。据说,有好几百名暴徒,持各种武器,从日租界方面冲出,已在东马路及迤南的几个口子被我军堵住,正在激烈战斗中。

楼下的职工想开大门张望,站岗的日兵大声吆喝,用枪口逼令把大门关上,大家只得坐下,把报编完、校好。大约半小时后,枪声才逐渐零落下来。

那天,报还是全部印好,但一张也发不出去。从那天起,《大公报》停刊约一周。经老板们向各方交涉,工人紧急搬迁,才在法租界三十号路(今哈尔滨道)新址继续出版。

我那时住家在松岛街迤南一条叫小松街的小巷里。第二天清晨,才被放行回家,我的妻子抱着婴儿守候了一夜。

从那天起,行人经过任何一个马路口,都要被严厉搜查,而通向法租界及华界的各口,已完全封锁了。

到第四天,听说,有几个口子,一天开放几小时,但不准携带大件行李。听到这消息,我们赶快拣出些急用的衣服,打起两个小包,我妻抱着婴儿,十几岁的妹妹和我各带着一个包,一家四口,寻找"出路"。

在旭街的南头有一个通向法租界的出口。我们到了那里,排在长长的队伍后面。出口开得很小,而且架着铁丝电网,只能单人通过,日兵有十多人,严密监视着。包袱都要一个个打开,仔细检查后才放行。逃出虎口,急忙投奔一位同乡又是小时同学的家里。他住在日法交界的秋山街(今锦州道)法租界的一边,站在这阴阳界的一个胡同口,可以看到对面恐怖、死寂的日本租界的街景。

报纸复刊了,我则被调去武汉当特派记者。大约在那次骚动的二十天后,我们一家就登上了旅程。小松街再也没回去过,不多的家具和剩下的箱笼、衣被,大概全成为侵略者的掳获品了。

在东车站登车时,看到站前四周,耸立着日本仁丹、胃活、中将汤、大学眼药……的广告牌上,中国字旁都加上一行日本字,一路到北京的各站和沿途村镇都如此情景。这是民族灾难将全面来到的预兆。